Bruno Aulich

MONDSCHEINSONATE UND KATZENFUGE

und andere
merkwürdige Titel und Geschichten
über berühmte Musikwerke
aus drei Jahrhunderten

Bei Heimeran

Einbandgestaltung: Gerhard M. Hotop
nach der Originalausgabe der Haydn
gewidmeten Mozart-Quartette (Artaria, Wien)

1. Auflage 1966 · Nr. 374
Satz und Druck bei Passavia Passau · Gebunden
bei Wochner, Mühringen

MEINER LIEBEN MUTTER

Inhaltsverzeichnis

Zum richtigen Verständnis

Liebwerter Freund der Musik,
dies Buch ist nicht wissenschaftlich. Es möchte Ihnen nur die Arbeit abnehmen, sich durch wohlbeleibte Fachbücher hindurchzulesen, in denen verstreut all jene Dinge stehen, die sie hier gebündelt nachlesen können.
Es handelt sich nur um bekannte und Ihnen geläufige Werke bedeutender Komponisten.
Novellen, Romane und Tonfilme wollen uns weismachen, daß das Privatleben der Komponisten unheimlich interessant sei.
Komponisten sind jedoch Menschen wie Sie und ich. Sie schlafen, frühstücken, reisen, trinken, haben Liebschaften und — arbeiten.
Das Resultat ihrer Arbeit sind Kompositionen. Nur von den Früchten solcher kompositorischen Arbeit soll hier die Rede sein. Es wird nicht *über*, sondern nur *von* Musikwerken gesprochen.
Vor drei Jahrzehnten schrieb Fraser Macdonald an Deems Taylor: »Glauben Sie nicht, daß man dem Komponisten zu viel Aufmerksamkeit schenkt und der Komposition zu wenig?«
So ist es. Es gibt schon zu viele Musikführer und Werkbesprechungen, in denen der Autor *über* Kompositionen seine höchst subjektiven Ansichten zum besten gibt. Viel wichtiger wäre es doch, sich darüber eine eigene Meinung zu bilden.
Beschriebene Musik ist wie ein erzähltes Mittagessen.
Bei den erwähnten Novellen und Romanen mag bisweilen die Erwägung ausschlaggebend gewesen sein,

man könne aus den Lebensumständen der Komponisten Rückschlüsse auf den Inhalt ihrer Musik ziehen. Das ist nur in seltenen Fällen zutreffend; in manchen Stilepochen geradezu ausgeschlossen.

Am Inhalt dieses Buches sind Sie selbst beteiligt. Liebhaber waren es, die vielen Kompositionen besondere Namen gaben und ihr Schicksal mitbestimmten.

Auf den folgenden Seiten ist über all das ausführlich berichtet. Da Sie zur Annahme neigen werden, der Verfasser habe hier und da, der Sensation wegen, etwas geschummelt, ist ein Quellen-Nachweis angefügt.

Der erste Teil besteht aus Einzeldarstellungen; der zweite Teil vermittelt eine Übersicht über weitere Stücke, die durch eine zusätzliche Namensgebung im Laufe der Zeit ausgezeichnet wurden.

Schließlich darf ich Ihnen bei der Lektüre, die anhand des Registers auch eine Nachschlag-Lektüre sein kann, viel Vergnügen wünschen und hin und wieder auch eine Überraschung.

In Abwandlung eines Spruches aus dem Carmen heroicum des Terentianus Maurus könnte man sagen: »Habent fata sua etiam musicalia.«

Johann Sebastian Bach

DIE GOLDBERG-VARIATIONEN

So werden sie allgemein genannt: Goldberg-Variationen. Das Titelblatt der ersten Druck-Ausgabe ist auf Seite 13 abgebildet. Sie sehen: von einem »Goldberg« ist mit keinem Wort die Rede.

Um herauszubekommen, wie der vierte Teil der Klavier-Übung Johann Sebastian Bachs zu dem erwähnten Titel kam, wenden wir uns weder nach Arnstadt, noch nach Weimar, noch nach Cöthen, sondern nach – Petersburg. Hier saß Anfang der dreißiger Jahre des 18. Jahrhunderts Hermann Carl Freiherr von Keyserling auf dem Präsidentenstuhl der Kaiserlichen Akademie der Wissenschaften. Am 13. Dezember 1733 schickte der russische Zar den kunstsinnigen Freiherrn aus Livland als Gesandten nach Dresden. Ähnlich wie später im Wien der Beethoven-Zeit der russische Gesandte Graf Andreas Kyrillowitsch Rasumowsky die ersten Künstler der österreichischen Hauptstadt um sich scharte, versammelten sich die angesehensten Künstler der sächsischen Hauptstadt im Hause Keyserling. So verkehrte bei ihm der Dresdener Konzertmeister Johann Georg Pisendel, der

Kammervirtuose Silvius Leopold Weiß (Laute) und Wilhelm Friedemann Bach, der frischgebackene Organist der Sophienkirche zu Dresden. Letzterer wird Keyserlings Interesse für seinen Vater Johann Sebastian Bach erweckt haben. Vater Bach befand sich damals in einer mißlichen Lage. Er war in einen Kompetenz-Streit mit dem Rektor der Thomasschule, dem amusischen Johann August Ernesti, geraten und strebte nach einer Stellung am Dresdener Hofe, um sich in seinem Kampf den Rücken zu stärken. Wahrscheinlich war es Freiherr von Keyserling, der Bach bald persönlich kennenlernte, ihn mehrmals aufsuchte und seine Ernennung zum Hofkomponisten durchsetzte. Jedenfalls übermittelte er ihm persönlich jenes Decret, das Bach zum »Hof-Compositeur« bei der königlichen Kapelle bestallte.
Drei Tage nach Empfang der für ihn so wichtigen Urkunde stattete Vater Bach seinen Dank ab in Gestalt eines Orgelkonzertes, das er in der Frauenkirche zu Dresden spielte. Viele musikliebende Dresdener hörten sich das einzigartige Orgelspiel des Leipziger Thomaskantors an, darunter auch der Freiherr von Keyserling. Unterdessen hatte dieser – wahrscheinlich im Jahre 1737 – seine livländische Heimat aufgesucht. Die Rückreise führte ihn über Danzig, wo er den Lauten- und Geigenmacher Johann Goldberg besuchte. Möglicherweise wollte er von ihm ein Instrument erwerben. Bei dieser Gelegenheit spielte der 10jährige Sohn des Instrumentenbauers, Johann Gottlieb (Theophilus), dem vornehmen Besucher etwas auf dem Cembalo vor. Sein Spiel beeindruckte Keyserling derart, daß er in den Vater drang, ihm dieses hervorragende Talent anzuvertrauen. Er nahm

den Jungen mit nach Dresden, wo er von Wilhelm Friedemann Bach unterrichtet wurde. Johann Gottlieb wohnte im Hause des Freiherrn und übte Tag und Nacht auf dem Cembalo. Den kränkelnden Freiherrn wird das kaum gestört haben, denn er litt an Schlaflosigkeit. Dieser Umstand hat für unser Kunstwerk entscheidende Bedeutung. Johann Nikolaus Forkel, der erste bedeutende Bach-Biograph, der seine

Forschungs-Unterlagen noch unmittelbar von Bachs Söhnen beziehen konnte, berichtet darüber:
»Goldberg, der bei Keyserling im Hause wohnte, mußte in solchen Zeiten in einem Nebenzimmer die Nacht zubringen, um ihm während der Schlaflosigkeit etwas vorzuspielen. Einst äußerte der Graf gegen Bach, daß er gern einige Klavierstücke für seinen Goldberg haben möchte, die so sanften und etwas munteren Charakters wären, daß er dadurch in seinen schlaflosen Nächten etwas aufgeheitert werden könnte. Bach glaubte, diesen Wunsch am besten durch Variationen erfüllen zu können, die er bisher, der stets gleichen Grundharmonie wegen, für eine undankbare Arbeit gehalten hatte. Der Graf konnte sich nicht satt daran hören, und lange Zeit hieß es nun, wenn schlaflose Nächte kamen: ›Lieber Goldberg, spiele er mir doch eine von *meinen* Variationen!‹ «
Danach müßte dieses Werk eher »Keyserling-Variationen« heißen!
Forkels Bemerkung über Bachs Abneigung gegen Variationen fordert ein paar erläuternde Sätze über das Werk selbst heraus. Das Wort »Variationen« weckt im unbefangenen Leser die Vorstellung, es handle sich auch hier, nach dem Beispiel der Wiener Klassik, um musikalische Abwandlungen einer *Melodie.* Bei unserem Werk spielt aber die Melodie der Aria, also des Themas, eine ganz untergeordnete Rolle. Wie wir schon mit dem Notentext des Titels andeuten wollten, handelt es sich hier um immer neue Aufbauten über den Baß der sarabanden-artigen Aria. Eigentlich ist der Klavierübung IV. Teil nur eine riesenhaft ausgeweitete Chaconne. Im übri-

gen ist sie ein dreischichtiges Werk: die durch die Zahl drei teilbaren Variationen zwischen der ersten und der dreißigsten sind strenge zweistimmige Kanons in stufenweise anwachsenden Intervallen, also im Einklang, in der Sekunde, in der Terz usw. bis zur None. Zusammen mit dem Baß entsteht in allen Kanons ein dreistimmiger Satz. Die jedem Kanon folgende Variation ist jeweils eine charakterisierende Spielmusik »etwas munteren« Stils: ein Ricercar (Var. 4), eine Gigue im punktierten Rhythmus (Var. 7), eine kleine Fuge (Var. 10), reich verzierte ariose Stücke (Var. 13 und 25) und eine Triller-Studie (Var. 28). Der Mittelpunkt des Werks, die Variation 16, ist eine Ouvertüre in Lullys Manier, mit langsamem Eingang, der eine kleine fröhliche Fuge im $^3/_8$ Takt folgt.

Die restlichen Variationen, vor allem jene, die nach den Kanons stehen, offenbaren das ganze technische Rüstzeug des zeitgenössischen Cembalo-Spiels. Hier hat Bach auf das Können und die Fertigkeit des jungen Goldberg gezielt; verschiedene dieser nur zweimanualig auszuführenden Stücke muten direkt »modern« an und weisen ähnlich in die Zukunft, wie es später die Diabelli-Variationen von Beethoven noch einmal tun sollten. Mithin muß Bach die technische Perfektion Goldbergs genau gekannt haben.

Ganz überraschend blickt uns aus den Noten der 30. Variation der humorige Bach an. Die Überschrift lautet: Quodlibet.

Im 14. Jahrhundert pflegte man an den Hochschulen Disputationen über frei gewählte Themen. Diese wurden »disputationes de quodlibet« genannt. Da solche Rede-Duelle immer mehr ins Spaßhafte und

Komische ausarteten und sich daher immer weniger mit der Würde einer Hochschule vereinbaren ließen, verbot man sie schließlich. Aber der Ausdruck blieb, wenn auch nur in der musikalischen Fachsprache. Unter Quodlibet verstand man ein musikalisches Werk, das entweder gleichzeitig oder nacheinander allgemein bekannte Melodien erklingen ließ.

Ähnlich verfährt Bach auch in seinem Quodlibet; er wählt sich zwei muntere Gassenhauer dazu aus; der eine heißt »Ich bin so lang nicht bei dir g'west, ruck her, ruck her, ruck her« und der andere »Kraut und Rüben haben mich vertrieben; hätt' mein' Mutter Fleisch gekocht, so wär ich länger geblieben«. Diese beiden Volksweisen stehen übrigens auch in V. Rathgebers »Ohren-vergnügendes und Gemüth-ergötzendes Tafel-Confect«, das in Augsburg ein paar Jahre zuvor erstmals erschienen war.

Das Quodlibet ist nun keineswegs der Abschluß des Werks. Bach läßt danach noch einmal das Thema als 32. Stück des Ganzen wiederholen. Der Verfasser hat lange über diesen merkwürdigen Ausklang nachgedacht, bis er auf den Gedanken kam, einmal die Buchstaben »Hermann Carl Freiherr von Keyserling« nachzuzählen; es sind 32! Da Johann Sebastian Bach häufig Zahlen-Symbolik in seinen Werken unterbrachte, erscheint es nicht ausgeschlossen, daß er hier absichtlich so verfuhr: durch die abschließende Wiederholung der »Aria« brauchte er die drei-symmetrische Anordnung der Variationen nicht zu zerstören und kam dennoch auf die Zahl 32.

Der Freiherr von Keyserling wußte Bach Dank für die einmalige Freundschaftsgabe; Bach erhielt von ihm das höchste Honorar, das er je für eine künstlerische Arbeit empfing: einen goldenen Becher angefüllt mit 100 Louisdors. Wenn Bach ihn auf seinem Tische ausgeleert hat, wird er einen ganzen Berg von Gold vor sich gehabt haben! Vielleicht sollte man also doch bei dem Namen »Goldberg-Variationen« bleiben!

Georg Friedrich Händel

DIE WASSERMUSIK

Im Jahr 1698 hatte der ziemlich leichtlebige Kurfürst Georg Ludwig seine Herrschaft in Hannover angetreten. Seine Regierungskünste waren mäßig; doch ist anzuerkennen, daß er ein großer Freund und Förderer der Instrumentalmusik war. In Hannover gaben damals die Tochter des vorigen Kurfürsten, die kunstsinnige Sophie Charlotte, und der Freiherr Gottfried Wilhelm Leibniz, einer der vielseitigsten Denker seiner Zeit, den Ton an. Zu diesen beiden Persönlichkeiten gesellte sich einer der merkwürdigsten Musiker des Barock, der vielseitige Agostino Steffani.

Er soll im Jahre 1710 Händels Anstellung als Hofkapellmeister in Hannover vermittelt haben. Händel hatte sich von vornherein reichlich Urlaub ausbedungen, der ihm auch bereitwillig gewährt wurde. Bereits Ende des Jahres 1710 besuchte er London, wo er mit der Oper »Rinaldo« großen Erfolg hatte. Mitte des nächsten Jahres fuhr er nach Hannover zurück, war aber im Spätherbst 1712 erneut in London. Seine zwei neuen Opern schlugen zwar nicht so ein wie zuvor der »Rinaldo«, dafür erntete er großen Ruhm mit dem »Utrechter Tedeum« und »Jubilate«,

die anläßlich des Friedensschlusses mit Holland in der St.Pauls-Kathedrale erklangen.
Die englische Königin gewährte dem deutschen Komponisten ein beträchtliches Jahresgehalt – merkwürdigerweise, muß man sagen, denn Händel befand sich nach wie vor in hannoverschen Diensten; es war also eine Abwerbung, wie man das heute nennt. Anstatt nun nach Ende der Londoner Theater-Saison zu seinem eigentlichen Dienstherrn zurückzukehren, blieb Händel in London. Wahrscheinlich hielt er, mit einer gewissen Berechtigung, die Königin Anna für bedeutender und mächtiger als seinen hannoverschen Kurfürsten. Er hatte aber die Rechnung ohne den Wirt gemacht: Königin Anna starb im August 1714, und ihr Nachfolger wurde ausgerechnet der bisherige Kurfürst von Hannover, der als Georg II. den englischen Thron bestieg. Es lag nahe anzunehmen, daß er Händel die Urlaubs-Überschreitung gehörig ankreiden werde. Diese Annahme taucht bereits in der ältesten Lebensbeschreibung Händels auf, die ein Jahr nach Händels Tod anonym in London erschien. Sie stammte von John Mainwaring und wurde wiederum ein Jahr später von Legationsrat Johann Mattheson in Hamburg ins Deutsche übersetzt und herausgegeben. Darin heißt es: »Die Zeit war verstrichen, zu welcher sein erhaltner Urlaub sich mit Recht erstrecken konnte. Allein, ob er sich etwan vor der Seefahrt gescheuet, oder ob er eine Zuneigung zu den Tafellüsten des Landes gewonnen, war es einmal an dem, daß sein gegebenes Versprechen, nach Hannover zurückzukommen, einigermaßen in Vergessenheit gefallen.
Nach dem Tode der Königin im Jahre 1714 kamen

Ihro Majestät der Thronfolger herüber; da sich denn Händel, dem sein Gewissen sagte, wie schlecht er sich um seinen gnädigsten Patron verdient gemacht habe, ... durfte sich nicht unterstehen, bey Hofe zu erscheinen. Entschuldigung zu machen, daß er sein Wort nicht gehalten, das war was Unmögliches. Aus dieser schlechten Lage erlöste ihn dennoch ein besseres Glück, als er vielleicht verdiente. ... Man schlug dem König eine Lustfahrt zu Wasser vor. Händel bekam Wind davon und wurde Raths, eine geschickte Musik zu dem Ende anzustellen. Er selbst vollzog und führte sie auf; ohne daß es der König wuste; der sich aber darüber sowol verwunderte, als ergetzte. Ihro Majestät verlangten Bericht, von wem solches herrührte, und wie es zugegangen, daß diese Ergetzlichkeit, ohne Dero Wissen, vorgenommen worden? Der Baron (v. Kielmannsegge) brachte den Verbrecher zum Vorschein, und hielt um Erlaubniß an, ihn darzustellen, als einen, der seines Fehlers nur gar zu sehr überführt sey, um sich einer Entschuldigung zu bedienen; doch aber von Herzen begierig, sein Versehen, durch alles menschmögliche Bezeigen seiner Pflicht, Unterthänigkeit und Dankbarkeit, zu büßen; falls er nur hoffen dürfte, daß Ihro Majestät selbiges in hohen Gnaden anzunehmen geruhen mögten. Diese Fürbitte erlangte ihre Gültigkeit ohne Bedenken. Händel kam aufs Neue in Gnaden, und seine Musik ward mit sonderbaren Ausdrücken königlichen Beyfalls beehret. Zum Zeichen dessen gefiel es dem Könige, noch einen Gehalt von 1000 Rthlr. jährlich für ihn auszusetzen, neben und über den 1000 Rthlr., welche ihm hiebevor von der Königin Anna angewiesen worden.«

Dieser Bericht blieb für fast alle Händel-Biographen verbindlich und wurde immer wieder mit entsprechenden Ausschmückungen nacherzählt.

Da kam 1922 der englische Händelforscher Newman Flower auf den Gedanken, einmal die diplomatischen Berichte einzusehen, die der Brandenburgische Gesandte damals nach Preußen gesandt hatte. Aus ihnen ging hervor, daß König Georg I. sich Ende September das »Tedeum« und im Januar 1714 eine Aufführung der Oper »Rinaldo« anhörte, was er wahrscheinlich unterlassen hätte, wenn Händel sich seinen Zorn zugezogen hätte.

Händel fiel ihm doch als reife Frucht zu, und billig war er obendrein, denn sein Gehalt als Hofkapellmeister in Hannover war jetzt hinfällig. Komposition und Ausführung der von Baron von Kielmannsegge geplanten »Wassermusik« erfolgte wahrscheinlich mit dem Ziel, seine Bezüge vom König auf die frühere Höhe heraufsetzen zu lassen.

Die von Mainwaring erdachte Legende wird durch die Tatsache völlig widerlegt, daß jene Themsefahrt (d. h. die erste, denn es haben wahrscheinlich mehrere solcher Lustbarkeiten stattgefunden) gar nicht am 22. August 1715 durchgeführt wurde, sondern erst zwei Jahre später, nämlich am 17. Juli 1717. Der »Daily Courant« weiß in diesem Jahre zu berichten, daß der König sich das Konzert auf der Themse ausdrücklich gewünscht habe. Auch das von den Romanschreibern immer wieder betonte Überraschungsmoment durch eine plötzlich einsetzende Händel-Musik ist unmöglich, denn der »Daily Courant« schreibt weiter: »Direkt neben der königlichen Barke befand sich jene der 50 Musiker, die alle Arten von

Instrumenten spielten, nämlich Trompeten, Jagdhörner, Oboen, Fagotte, deutsche und französische Flöten, Geigen und Bässe, aber keine Sänger.« Eindeutig scheint festzustehen, daß Händels Musik, die immerhin insgesamt eine volle Stunde dauerte, auf königlichen Wunsch an jenem Julitage dreimal wiederholt werden mußte. Somit hatten sich die 150 englische Pfunde, die der Spaß den Baron von Kielmannsegge gekostet hatte, doch wenigstens gelohnt.

Es gibt übrigens keine authentische Fassung jener Musik, die Händel dem König 1717 auf der Themse vorspielte. Verschiedene Stücke aus modernen Partitur-Ausgaben gehören gar nicht hinein, weil sie später komponiert wurden. Die Original-Partitur ist verschollen. Offensichtlich bestand sie aus drei Suiten in je einer Tonart; die letzte ist mehr intimen Charakters und vermutlich am Ziel der Fahrt in Chelsea in einem geschlossenen Raum gespielt worden.

Die gescheiteste Auslegung der Wassermusik-Story hat Hans Joachim Moser zu bieten. Er meint, es sei dem Kurfürsten in Hannover gar nicht so unlieb gewesen, daß Händel in London Fuß gefaßt hätte. Denn er wußte natürlich, daß die Königin kränkelte und er ihr Nachfolger werden würde. Da Georg Ludwig ebenso schlecht englisch sprach wie sein Hofkapellmeister, konnte es ihm nur recht sein, wenn Händel am englischen Hofe und in London etwas Atmosphäre im deutschen Sinne verbreitete. Trotzdem hatte es der neue König in England nicht leicht, und seinem Hofkapellmeister machte die englische Herrenschicht das Leben sauer. Schließlich aber blieb Händel Sieger, und die Wassermusik war eine wichtige Etappe auf seinem beschwerlichen Lebensweg.

Georg Friedrich Händel

DIE GROBSCHMIED-VARIATIONEN

The Harmonious Blacksmith

Natürlich kennen Sie diese Melodie. Sie steht als »Air con Variazioni« in der fünften Klavier-Suite. Es ist eine zarte Melodie, fast zierlich zu nennen, und man fragt sich, wie sie zu einem so grobschlächtigen Namen gekommen ist, denn blacksmith bedeutet Huf- oder Grobschmied.

Die »Suites de Pièces pour le Clavecin« sind vor dem Jahre 1720 entstanden, und man vermutet, daß Händel sie für den Unterricht der königlichen Prinzessinnen schrieb, mit dem er auch betraut war und der ihm die Summe von weiteren 200 zu seinem Gehalte von 400 englischen Pfunde jährlich einbrachte. Die pädagogische Tätigkeit hatte ihm seine Gönnerin, die Prinzessin von Wales, eine gebürtige Ansbacherin, vermittelt. Händel war damals etwas über dreißig Jahre alt. Einige seiner Klavier-Suiten erschienen 1719 als sogenannter Raubdruck in Amsterdam. Darauf hin ließ Händel sie am 14. November des folgenden Jahres in London erscheinen und schickte dieser Ausgabe ein Vorwort voraus, das in deutscher Übersetzung also lautet: »Ich war genötigt, einige der folgenden Musikstücke zu veröffentlichen, weil verfälschte und ungenaue Kopien in das Ausland gelangten. Ich habe verschiedene neue hinzugefügt, um das Werk nützlicher zu gestalten, welches, sollte es eine freundliche Aufnahme finden, mich veranlassen wird, mehr davon zu veröffentlichen, da ich es als meine Pflicht ansehe, mit meiner bescheidenen Begabung einer Nation zu dienen, von der ich so großzügig gefördert wurde. G. Fr. Händel.«

In dem Händel-Roman von Eugen Ortner wird geschildert, daß Händel während seines Aufenthalts bei dem Earl of Carnarvon auf Schloß Cannons mit dem Schmiedemeister Richard Powell befreundet war, dem zu Ehren er den »Musikalischen Grobschmied« schrieb und ihn sogar einmal dem englischen König im Pfarrhaus zu Edgware vorspielte.

Der derzeitige Gastgeber Händels war damals noch gar kein Herzog, sondern hieß schlicht James Brydges, war Generalzahlmeister bei Marlborough gewesen und Gesellschafter der Süd-See-A.G. (Händel besaß auch Aktien dieser erfolgreichen Gesellschaft). Jener James Brydges war einer der reichsten Männer Englands geworden, aber ansonsten ein origineller Kauz geblieben. Er war wohlbeleibt, von ziemlich bäuerlichem Wesen, ein vergnügter Zecher und ein großzügiger Verschwender. Um den Komponisten an sich zu fesseln, hatte er eigens für ihn in seiner Privatkapelle eine prächtige Orgel bauen lassen.

Die Sache mit dem Grobschmied jedoch – so könnte man annehmen – hat sich der Schriftsteller Ortner mit der ihm zuzubilligenden dichterischen Freiheit einfach ausgedacht. Aber das scheint nicht der Fall zu sein: in einer Händel-Biographie des Musikschriftstellers August Reißmann aus dem Jahre 1882 wird eine ähnliche Geschichte erzählt, wobei dem Autor allerdings der Irrtum unterläuft, daß er die Variationen der dritten Suite in d-moll als »Grobschmied-Variationen« bezeichnet. Da heißt es: »Es wird erzählt, Händel sei einst auf einem Spaziergang bei Cannons von einem Regen überrascht worden und habe in der Schmiede des Kirchschreibers und Grobschmiedes Powell Schutz gesucht; bei dieser Gelegenheit habe der Schmied das Lied gesungen und dazu auf dem Amboß ein eigentümliches Accompagnement ausgeführt.« Vorsichtig fügt Reißmann hinzu: »Die ganze Erzählung ist nicht weiter verbürgt.« Damit hat er allerdings vollkommen recht!

Die Grobschmied-Geschichten sind weder von Reißmann noch Ortner erfunden, sondern der Buch- und Musikalienhändler Smed in Bath hat sich diese Legende aus den Fingern gesogen, um seinem Käufer-Publikum einen von ihm veranstalteten Sonderdruck der »Air con Variazioni« besonders schmackhaft zu machen. Das geschah aber erst genau 100 Jahre nach der von Händel autorisierten Drucklegung der Klavier-Suiten: 1820!

Damit ist jedoch das Schicksal dieses liebenswürdigen Stückes noch nicht zu Ende. Der Darmstädter Musiklehrer Louis Schlösser hat bereits 1885 in einem Aufsatz darauf hingewiesen, daß das Thema dieser Variationen gar nicht von Händel stamme, sondern sich in einer Sammlung französischer Melodien aus der Mitte des 16. Jahrhunderts befinde.

Als im Jahre 1913 der Komponist Percy Aldridge Grainger aus Melbourne seinem Freunde William Gair Rathbone einen von ihm komponierten »Clog-dance« vorspielte, also einen Holzschuhtanz, wie er in der Oper »Zar und Zimmermann« von Lortzing vorkommt, meinte Graingers Freund, die Hauptmelodie erinnere doch sehr stark an den »Musikalischen Grobschmied« von Händel. Grainger war darüber recht unglücklich; Rathbone schlug ihm vor, das Stück »Händel at the Strand« zu nennen. The Strand ist jene Straße in London, in der die musikalische Komödie eine dauernde Heimstatt in London gefunden hatte. Dabei blieb es; Graingers Stück wurde, besonders in England, viel gespielt und sehr beliebt, und so erlebte die kleine französische Singspiel-Melodie in dieser rhythmisch reizvollen Form noch einmal eine fröhliche Wiederkehr.

Giuseppe Tartini

DIE SONATE MIT DEM TEUFELSTRILLER

Es ist eine merkwürdige Tatsache, daß in legendären Geschichten der Teufel immer wieder zur Geige greift. Er hat das übrigens mit dem Tod gemeinsam; im »Danse macabre« von Saint-Saëns begleitet der Tod auf einer Geige den Tanz der klappernden Gerippe.

Umgekehrt: spielt ein sehr begabter Geiger in erstaunlicher, nie gehörter Weise, wird er leicht für den Gottseibeiuns gehalten. Als sich 1655 der geniale, aber leider auch versoffene Thomas Baltzar aus Lübeck mit einem für damalige Verhältnisse virtuosen Spiel in London hören ließ, soll sich der Oxforder Musik-Professor John Wilson im Scherz gebückt haben, um sich Baltzars Füße anzuschauen, »ob er nicht am Ende einen Huf trüge«.

Von dem berühmtesten aller Geiger, dem Genuesen Niccoló Paganini, in diesem Zusammenhang zu berichten, ist wohl unnötig, wenn schon ein altes Musik-Lexikon folgendes über ihn zu sagen weiß: »Er spielte als Knabe Mandoline, wurde kurz Schüler von Costa in Genua und Alessandro Rolla in Parma, blieb aber in der Hauptsache Autodidakt, entzog sich der väterlichen Aufsicht 1798 durch die Flucht und reiste als erstaunlicher Virtuose – als romantischer Teufelsgeiger angestaunt und von satanischen Legenden umsponnen... usw.« Es ist nicht zu leugnen, daß ein Großteil jener »satanischen Legenden« von Paganini selbst listig in Umlauf gesetzt wurden, obwohl er sie dann eifrig dementierte, was ihre Propagandawirkung natürlich nur noch erhöhte. Dieser – auch im rein künstlerischen Sinne – einzigartige Virtuose verstand eben auch das Schau-Geschäft wie kein zweiter!

Aber schon vor ihm hat ein anderer großer italienischer Geiger, der Istrier Giuseppe Tartini, ebenfalls eine Teufels-Legende für sich in Anspruch genommen. Tartini lebte in den ersten sechs Jahrzehnten des 18. Jahrhunderts und war sowohl menschlich wie künstlerisch ziemlich das genaue Gegenteil von Paganini. Wenn auch seine jüngeren Jahre recht aufregend und wechselvoll verliefen – er war ein glänzender Fechter und heiratete heimlich die jugendliche Nichte eines Kirchenfürsten, woraufhin er in einem Kloster Zuflucht suchen mußte –, so war er in seinen reiferen Jahren ein demütiger, einsichtiger und weiser Künstler, der die physikalische Entdekkung der sogenannten Kombinationstöne der Geigentechnik nutzbar zu machen wußte und bei seinem Tode von den »Witwen, Waisen und Kindern armer Eltern, die er auf seine Kosten in der Religion und anderen nützlichen Kenntnissen hatte unterrichten lassen«, im Februar 1770 tief betrauert wurde.

Tartini darf mit Fug ein Romantiker des Barock

genannt werden. Ähnlich wie Vivaldi setzte er Dichterworte über viele seiner Kompositionen, die er in einer für Nicht-Eingeweihte unentzifferbaren Geheimschrift schrieb. Der venezianische Voltaire-Schüler Algarotti versichert, daß Tartini die Gewohnheit hatte, vor Beginn der Arbeit an einem Adagio ein Sonett von Petrarca zu lesen, um – wie es wörtlich heißt – »an einen bestimmten Gegenstand anzuknüpfen und sich nicht in leere Phantasien zu verlieren«. In diesem Zusammenhang gewinnen die Mitteilungen eines französischen Astrologen an Gewicht, die Johann Adam Hiller für seine Lebensbeschreibung Tartinis benutzte.

Besagter Sterndeuter hieß Lalande und schrieb »Voyage d'un François en Italie« (1765/66). In dieser Reisebeschreibung läßt er Tartini selbst folgende Geschichte erzählen: »In einer Nacht (es war im Jahre 1713) träumte mir, ich hätte meine Seele dem Teufel verschrieben. Alles ging nach meinem Wink; mein neuer Diener kam jedem meiner Wünsche zuvor; unter anderen Einfällen hatte ich auch den, ihm meine Violine zu geben, um zu sehen, ob er wohl imstande sein würde, etwas Hübsches darauf zu spielen. Aber wie groß war mein Erstaunen, als ich eine Sonate hörte, so wunderbar und so schön, mit so viel Kunst und Einsicht vorgetragen, daß auch der kühnste Flug der Phantasie sie nicht zu erreichen vermochte. Ich wurde so hingerissen, entzückt, bezaubert, daß mir der Atem stockte und ich erwachte. Sogleich ergriff ich meine Violine, um wenigstens einen Teil der im Traum gehörten Töne festzuhalten. Umsonst. Die Musik, die ich damals komponierte, ist zwar das Beste, was ich in meinem Leben gemacht habe, und

ich nenne sie noch die Teufels-Sonate; aber der Abstand zwischen ihr und jener, die mich so ergriffen hatte, ist so groß, daß ich mein Instrument zerbrochen und der Musik auf immer entsagt haben würde, wenn es mir möglich gewesen wäre, mich des Genusses, den sie mir gewährte, zu berauben.«
Es besteht keine Möglichkeit mehr nachzuprüfen, wie weit hier die Phantasie mit jenem französischen Astrologen durchgegangen ist. Jedenfalls wird auch von einem deutschen Besucher berichtet, daß das Manuskript dieser Sonate im Musikzimmer Tartinis gegenüber der Eingangstür an der Wand hing. Nach seinem Tode war es allerdings nicht mehr aufzufinden. 28 Jahre nach Tartinis Tod veröffentlichte der stellvertretende Konzertmeister der Pariser Oper, der Viotti-Schüler Jean Baptiste Cartier, sein bedeutsamstes Werk »L'Art du violon ou Collection choisie dans les Sonates des écoles italienne, françoise et allemande«. Es war das erste planmäßig angelegte Sammelwerk, das die schönsten Violin-Sonaten der Barockzeit in spielbarer Form überlieferte, so auch Tartinis g-moll-Sonate mit dem sogenannten Teufels-Triller.
Henri Vieuxtemps und Robert Volkmann haben auf Grund des Cartierschen Stichs die Sonate in eigenen Bearbeitungen neu herausgegeben. Diese waren deshalb vonnöten, weil die Komponisten des Generalbaß-Zeitalters solche Werke für Violine und eine bezifferte Baß-Stimme schrieben. Letztere bildete lediglich die harmonische Grundlage für das improvisierende Spiel des Cembalisten. Diese Kunst des Generalbaß-Spiels war im 19. Jahrhundert längst verlorengegangen, und daher war es notwendig, die

Bezifferung der Baß-Stimme für die rechte Hand des Klavier-Begleiters in Noten auszusetzen. Daneben wurden viele barocke Verzierungszeichen ausgeschrieben, Artikulations-Vorschriften, Stricharten und Fingersätze zugefügt – nicht immer zum Besten des barocken Stils.

Joseph Joachim hatte in England eine Abschrift unserer Sonate aufgefunden, die er selbst mit einer ausgesetzten Klavierstimme versah, aber nie herausgab. Dagegen spielte er sie immer und immer wieder in seinen Konzerten. Sie gehörte auch zu Johannes Brahms' Lieblingsstücken, der sie häufig mit Joachim zusammen öffentlich spielte.

Tartinis Aussage, die Sonate sei gewissermaßen ein Musik-Diktat des Teufels gewesen, bezieht sich übrigens nicht nur auf jenen langen Triller im letzten Satze, sondern auf das gesamte Werk. Seine schwermütige Schönheit hat ihren barocken Glanz bis heute nicht verloren, und man denkt bei ihr weniger an den Teufel als an jenen klugen Meister, der die verlockendsten Angebote ausschlug, um weiterhin Konzertmeister des Orchesters an S. Antonio in seinem geliebten Parma bleiben zu können. Schüler aus aller Welt strömten dorthin, um unter seiner Anleitung Meister ihres Fachs zu werden. Deshalb verliehen ihm seine begeisterten Landsleute den Ehrentitel:

MAESTRO DELLE NAZIONI.

Domenico Scarlatti

DIE KATZENFUGE

Was der Teufel für die Geige, das scheint die Hauskatze für das Klavier zu sein. Im allgemeinen wird von jener Musik, die unsere Mäusejäger des Nachts von sich geben, nicht viel gehalten. Bereits in der Mitte des 18. Jahrhunderts dichtete der königl. preußische Hof-, Regierungs- und Konsistorialrat Magnus Gottfried Lichtwer in Halberstadt:

»In dem Vorsaal eines Reichen
Stimmten sie ihr Liedchen an,
So ein Lied, das Stein' erweichen,
Menschen rasend machen kann.«

Wurde früher eine scheußlich klingende Musik einem Mißliebigen aufgespielt, so nannte man das eine Katzenmusik. Bei dem Getön unserer neuesten Musik ist sie aber offenbar aus der Mode gekommen, wahrscheinlich aus Kontrastmangel. Die letzte musikgeschichtlich bedeutsame Katzenmusik wurde in der Nacht vom 10. zum 11. Februar 1906 dem Münchner Musikschriftsteller und Zeitungskritiker Rudolf Louis dargebracht. Er hatte über die Münchner Aufführung der Symphonietta op. 90 von Max Reger eine außerordentliche abfällige Kritik in den »Münchner Neuesten Nachrichten« geschrieben. Daraufhin zogen Regers Akademie-Schüler mit einem Transparent und Stößen jener Zeitung vor das Wohnhaus des Rezensenten und vollführten während der Verbrennung dieser Papierstapel eine fürchterlich klingende Musik. Louis konterte in der Morgen-Ausgabe des nächsten Tages mit der Bemerkung, die Katzenmusik sei wohl eine Leseprobe des neuesten Orchesterwerkes von Reger gewesen!

Ansonsten spielt die Katze in der Musik nur eine recht bescheidene Rolle; selbst wenn einmal in einem Streichquartett von Ernst Toch die Vortrags-Vorschrift lautet: »katzenhaft schleichend«.

In Professor Kalauers ausgewählten musikalischen Schriften (bei Heimeran) ist hinter Seite 81 ein mit Violino überschriebenes Notenblatt zu sehen, auf dessen Linien unzählige Katzen ihr Wesen treiben. Diese Zeichnung ist von Moritz von Schwind und heißt: Zukunftsmusik. Clara und Robert Schumann hatten einmal einen »Orden der schwarzen Katze« zu gründen versucht, auf den Schwind damit angespielt haben soll (siehe S. 35).

Ein weiterer Beitrag zum Thema Katze waren die 1915/16 von Igor Strawinsky komponierten »Katzen-Wiegenlieder« für eine Altstimme und drei Klarinetten. Jedoch das älteste Stück instrumentaler Musik zum Thema ist jene letzte der 30 »Essercizi«, die Domenico Scarlatti unter der Überschrift »Fuga« 1753 herausgab.

Das Thema dieser Fuge bildet die Noten-Überschrift dieses Kapitels. Prüft man es auf seinen melodischen Zusammenhang, so erscheint es ziemlich ungewöhnlich. Das fand auch der erste klassische Klavier-Virtuose, der oft Scarlatti-Sonaten öffentlich zu spielen pflegte und 11 dieser Essercizi neu herausgab: der in England schaffende Römer Muzio Clementi. Er meinte, das Thema höre sich an, als ob eine Katze über die Tasten liefe. Aus dieser Bemerkung ist wahrscheinlich die Legende entstanden, daß dies tatsächlich in Domenicos Behausung so gewesen war. Eigenartig ist das Thema allerdings wegen der ungewöhnlichen Intervallschritte der übermäßigen Sekund und der verminderten Quart, die obendrein in ein und derselben Richtung verlaufen – von der Schluß-Floskel in stufenweise absteigenden Achteln abgesehen. Domenico Scarlatti war nun einmal ein eigenartiger Künstler und unbestritten der originellste Klavierkomponist des ausgehenden Spät-Barocks. Er bat in einer seiner Vorreden zu seinen Sonaten, die er selbst als »Essercizi«, also Etüden, bezeichnete, diese nicht als tiefschürfende Kunstleistungen aufzufassen, sondern als geistvolle Scherze. Man ist versucht, ihn den Chopin des 18. Jahrhunderts zu nennen. Er notiert als erster auf mehr als zwei Noten-Systemen, schreibt in so entlegenen Tonarten wie Fis-Dur und überrascht durch das Kreuzen der spielenden Hände, wodurch er ganz eigenartige Klangwirkungen hervorzaubert. Es soll aber nicht verschwiegen werden, daß die gute iberische Küche, die er ein Vierteljahrhundert lang verkostete, ihn derart korpulent werden ließ, daß er diesen spieltechnischen Kunstgriff in seinen letzten Lebensjahren nicht mehr ausführen konnte.

Im musikwissenschaftlichen Schrifttum wird behauptet, Scarlatti habe seine musikalischen Themen »Fuhr-

leuten, Maultiertreibern und anderen gemeinen Leuten« abgelauscht. Vielleicht verdankt er diesen tatsächlich die musikantische Natürlichkeit seiner Einfälle, die seine Essercizi bis heute lebensfähig erhielten. So hat Johannes Brahms selten versäumt, in die Programme seiner Klavierabende ein Werk Domenico Scarlattis einzubauen. Haydn hat einmal gesagt, daß er in der Einsamkeit von Esterhaz und durch das Hören soeben niedergeschriebener Werke hätte zum »Original-Genie« werden müssen. Solch ein Original-Genie war auch Scarlatti, und diesem

Umstand verdanken wir jene Fuge, von der hier die Rede war.

Im Jahre 1921 tauchte dann plötzlich wieder eine Katze auf der Klaviatur auf – sogar auf dem Titelblatt. Da sah man ein wolliges kleines Kätzchen eilig über die Tastatur laufen, und dieses Stück in jenem neuartigen rhythmischen Stil, den man damals einfach »Jazz« nannte, stammte von einem Amerikaner, der »Zez« Confrey hieß. Er wurde 1895 geboren und wollte Konzert-Pianist werden, wandte sich aber dann dem Jazz zu. »Kitten on the Keys« war das erste Klaviersolo in diesem Stil, das Europa erreichte und Alfred Baresel, der erste deutsche Musikschriftsteller, der sich mit diesem neuartigen Musik-Phänomen auseinandersetzte, schrieb, daß es ein »geniales Tanz-Jazzstück« sei.

Genial oder nicht genial: beide Titel widersprechen der Verhaltensweise einer Normal-Katze durchaus. Sie vermeidet bei Fortbewegungen jedes unnütze Geräusch und würde beim Erklingen des ersten Klaviertons entsetzt die Tastatur verlassen.

Joseph Haydn

SYMPHONIE MIT DEM PAUKENSCHLAG

Somit hat Haydn tatsächlich einmal »auf die Pauke gehauen«, wie die Berliner zu sagen pflegen, wenn sich einer selbstgefällig und lautstark inszeniert. Das paßt wenig zu einem Künstler, der trotz einer unglaublich phantasievollen Begabung Zeit seines Lebens bescheiden blieb und Gott allein die Ehre in all seinen Werken gab.

Bei unserem Werk handelt es sich um die im Jahr 1791 geschriebene dritte Londoner Symphonie. Sie trägt diesen Namen, weil sie zu jenen 12 Orchester-Werken gehört, zu deren Komposition und Aufführung sich Haydn dem Londoner Konzert-Unternehmer J. P. Salomon gegenüber verpflichtet hatte.

Das Thema des Andantes dieser Symphonie hat von jeher das Interesse der Musikliebhaber erregt. So stand es beispielsweise auch in der berühmten Klavierschule von Gustav Damm (Pseudonym für den Verleger Theodor Steingraeber), die früher in jedem mit einem Klavier ausgestatteten Haushalt anzutreffen war. Das Andante war schon zu Haydns Zeiten außerordentlich beliebt. So erzählte Haydn dem

Landschaftsmaler Albert Christoph Dies von seiner zweiten Reise noch London folgende Geschichte:
»In dem Gasthause zu Wiesbaden, wo ich abgestiegen war, höre ich neben meinem Zimmer das Andante mit dem Paukenschlag auf einem Pianoforte spielen. Ich halte den Spieler für einen Freund und trete mit Artigkeit in das Zimmer, aus dem ich die Musik höre. Ich finde dort einige preußische Offiziere, die alle große Verehrer meiner musikalischen Produkte sind und die, wie ich mich endlich zu erkennen gebe, mir nicht auf mein Wort glauben wollen, daß ich Haydn wäre. ›Unmöglich, unmöglich! Sie: Haydn! – Ein schon so bejahrter Mann! – Wie reimt sich das mit dem Feuer in ihrer Musik? – Nein! Nimmermehr werden wir dies glauben!‹ In diesem Tone fahren die Herren so lange fort, ihre Zweifel zu äußern, bis ich den von ihrem König empfangenen Brief vorzeige, welchen ich zum Glück im Koffer mit mir führte. Nun überhäuften mich die Offiziere mit Liebkosungen und ich mußte bis spät nach Mitternacht in ihrer Gesellschaft bleiben.«
Dieses Thema kommt übrigens in Haydns Werken zweimal vor: einmal in der Symphonie und zum andern in dem weltlichen Oratorium »Die Jahreszeiten«. In der Arie des Simon, in der geschildert wird, wie der Ackersmann dem Pfluge flötend nachfolgt, pfeift dieser das C-Dur-Thema des Andantes. Baron Gottfried van Swieten, der nach einer englischen Vorlage, den »Seasons« von James Thomson, den deutschen Text zurechtgezimmert hatte, gefiel das gar nicht. Er war ein sehr eigenwilliger Herr, der selbst komponierte. Haydn meinte zwar, van Swietens Symphonien seien so steif wie er selber.

Van Swieten hielt für diese Stelle eine Melodie aus irgendeiner damals in Wien gängigen Oper für angebracht und nannte Haydn einige entsprechende Themen. Haydn erwiderte darauf etwas unwirsch: »Ich ändere nichts! Mein Andante ist so gut und so bekannt als irgendein Lied aus jenen Opern.« Die aus Haydns selbstbewußter Antwort entstehende Verstimmung konnte später nur mit Mühe wieder beseitigt werden.

Jener Paukenschlag, der unserer Symphonie den Namen gab, ist streng genommen gar keiner, sondern ein Fortissimo-Schlag des gesamten Orchesters, an dem sich natürlich auch die Pauke beteiligt. Das Überraschende aber ist, daß in der ersten Niederschrift von Haydns Hand (heute in der Library of Congress in Washington) jener Fortissimo-Schlag gar nicht vorkommt.

Er muß also später von Haydn hinzugefügt worden sein. Dafür gibt es mehrere Erklärungen. Die eine stammt wiederum aus Haydns Erinnerungen, die er dem vorhin genannten Dies erzählte. Dies schreibt folgendes:

»Schon bei den ersten Konzerten der Musiker bemerkte Haydn, daß er wohlgetan hatte, die Aufführung seiner Werke in dem zweiten Akt (gemeint ist der zweite Teil des Konzerts) zu bedingen. Der erste Akt wurde gewöhnlich von dem Geräusche der spätkommenden Zuhörer auf mancherlei Art gestört. Nicht wenige Personen kamen von gutbesetzten Tafeln (wo die Männer nach Landesgebrauch – wenn sich nach der Mahlzeit die Damen in ein anderes Zimmer begeben haben – bei geistigen Getränken sitzen bleiben), nahmen im Konzertsaale einen bequemen Platz und wurden daselbst von dem Zauber der Tonkunst so sehr bewältigt, daß sie ein fester Schlaf überfiel. Nun stelle man sich vor, ob in einem Konzertsaale, wo nicht wenige, sondern viele Personen, teils schnaufend oder schnarchend oder kopfnickend den wahren Zuhörern Stoff zum Plaudern oder wohl gar zum Gelächter darbieten, ob da Stille herrschen könne? Haydn machte mit Verdruß die Bemerkung, daß selbst im zweiten Akt der Gott des Schlafs seine Flügel über die Versammlung ausgebreitet hielt. Er sah das für eine Beschimpfung seiner Muse an, gelobte, dieselbe zu rächen, und komponierte zu diesem Endzwecke eine Symphonie, in welcher er da, wo es am wenigsten erwartet wird, im Andante, das leiseste Piano mit dem Fortissimo in Kontrast brachte. Um die Wirkung so überraschend als möglich zu machen, begleitete er das Fortissimo mit Pauken. Gleich nach dem vorhergehenden Allegro fing das Andante mit Sordinen und Pizzicato an. Wenn ich das leise Tongeflüster der ersten acht Takte oder des Themas mit etwas in Vergleich bringen sollte, so würde ich sagen, man glaubt Fußtritte und Gelispel eines Geisterchors zu hören. Diese fast unhörbare Harmonie gedämpfter Instrumente wiederholte das stark besetzte Orchester ohne Sordine und Fortissimo unter dem entsetzlichen Donner der Pauken und Kontrabässe. Haydn hatte die Paukenschläger vorzüglich gebeten, dicke Stöcke zu nehmen und recht unbarmherzig dreinzuschlagen. Diese entsprachen auch völlig seiner Erwartung. Der urplötzliche Donner des ganzen Orchesters schreckte die Schlafenden auf, alle wurden wach und sahen einander mit verstörten und verwunderten Mienen an.

Sie verstanden den Verweis, dessen sich Haydn bediente, sie aus ihrer Schlafsucht zu wecken, und waren billig genug, den Vorfall als ein originelles Genieerzeugnis zu betrachten und zu loben...

...Man benannte dieses Andante, welches allen Liebhabern aus einem Auszuge für das Pianoforte (in c) bekannt ist, das ›Andante mit dem Paukenschlag‹.«

Das ist die Niederschrift einer Unterhaltung, die Haydn mit seinem Freunde Dies am 21. Dezember 1805 führte. Haydn war jetzt 73 Jahre alt. Sei es, daß der greise Meister sich nicht mehr genau an alles erinnern konnte, sei es, daß der zwar musikliebende aber fachunkundige Maler verschiedene Einzelheiten nicht ganz zutreffend wiederzugeben vermochte: stimmt schon die Beschreibung vom Beginn des Andante nicht völlig, so machen auch »die Paukenschläger« stutzig, wo es sich doch nur um einen gehandelt haben kann. Ferner ist die Klangstärke der Pauke nicht von der Dicke der Stöcke abhängig, sondern von der Härte des Filzes, den sie an ihrem Ende tragen. Überdies: die Engländer nennen unser Werk gar nicht wie wir, sondern die Symphonie heißt bis zum heutigen Tage dort: »The Surprise« (Die Überraschung), ein bedeutend zutreffenderer Name als unser »Paukenschlag«!

Es gibt übrigens noch eine zweite, etwas abweichende Version dieser Geschichte. Sie wird erzählt von Adalbert Gyrowetz, einem sehr gebildeten und weitgereisten Kleinmeister der klassischen Wiener Zeit. Gyrowetz verkehrte 1787 in Neapel mit Goethe und spielte beim russischen Gesandten ebendort Streichquartett. Dieser Gesandte aber war jener Andreas Kyrillowitsch Rasumowsky, den Beethoven später durch die Widmung seiner Streichquartette op. 59 auszeichnete. Als 28jähriger traf Gyrowetz in London Joseph Haydn. In seiner Selbstbiographie kann man darüber folgendes lesen:

»Die vorzüglichsten Konzerte wurden im Hannover-Square-Musik-Salon unter der Direktion des Mr. Salomon gegeben, wozu Joseph Haydn engagiert war, dessen Symphonien vorzugsweise aufgeführt und mit sehr großem Beifall aufgenommen wurden. Es wurden dort auch Gesangsstücke, Konzertstücke auf verschiedenen Instrumenten und zuweilen Chöre aufgeführt, so daß die Konzerte öfters bis nach Mitternacht dauerten, wobei die Damen nicht selten eingeschlummert waren. Dies brachte Haydn auf den Gedanken, etwas zu schreiben, was dieselben aus dem Schlafe wecken sollte, und bei dieser Gelegenheit entstand das beliebte Andante mit dem Paukenschlag, worüber die Damen wirklich aus dem Schlafe zusammenfuhren, und manche sogar einen lauten Schrei hören ließ. Als Haydn eben dieses Andante komponierte, kam Gyrowetz (er erzählt immer von sich in der dritten Person) zu ihm auf Besuch. Haydn war über seinen eigenen Gedanken so erfreut und fröhlich, daß er ihm sogleich das Andante auf seinem viereckigen Fortepiano vorspielte, dabei herzlich lächelte, und gleichsam im prophetischen Geiste ausrief: ›Da werden die Weiber aufspringen!‹ «

Die Londoner Presse wußte zu berichten, daß tatsächlich eine nach dem Fortissimo-Schlag ohnmächtig gewordene Dame an die frische Luft geführt werden mußte.

Übrigens hatte der pflügende Bauer aus den Jahreszeiten ganz recht, das Andante von Haydn zu pfeifen! Der Volksliederforscher K. M. Klier hat nachgewiesen, daß in Deutsch-Mähren auf das Thema des Andantes folgender Text gesungen wird:

»Geh' im Gassle rauf und nunter
Hängen schwarze Kirschen runter . . .«

Fragt sich nur, ob die Kinder in Mähren Haydnsche Melodien singen oder ob der große Komponist sie dem dortigen Volksliedschatz entnahm. So nah berühren sich mitunter Volkslied und Meisterwerk!

Joseph Haydn

DIE „KINDER-SYMPHONIE"

In einem Heft der Familien-Zeitschrift »Die Gartenlaube« aus dem Jahre 1898 ist eine Zeichnung von Erdm. Wagner wiedergegeben. Sie heißt »Kinder-Symphonie«. Im Vordergrund sieht man honorige Erwachsene, unter denen sich auch ein Offizier mit Monokel befindet, im Salon einer Musik lauschen, die unter Leitung eines jugendlichen Dirigenten von 4–5 Erwachsenen und 9 Kindern ausgeführt wird. Es spielen 4–5 Violinen, ein Violoncello und acht Kinderinstrumente: Trompete, Triangel, Ratsche, Becken, Vogelpfeifchen, Nachtigall, Zymbelstern und Kuckuck. Unter dem Bilde ein Begleit-Text, der folgendermaßen lautet:

»Alte, fröhliche, ewig junge Symphonie des guten Vater Haydn! Wer von uns hätte sie nicht einmal gehört oder gar in glücklichen Jugendzeiten selbst dabei mitgewirkt wie alle die hübschen Blond- und Braunköpfe hier, im festlich erleuchteten Gesellschaftsraume, vor einer lauschenden Versammlung! Sie wenden die Blicke voll ängstlicher Achtsamkeit nach ihrem jugendlichen Kapellmeister, denn Triangel, Schellenbaum, Knarre, Wachtelschlag und Kuckucksruf sind doch sehr wichtige Bestandteile des

Ganzen und dürfen beileibe nicht an unrechter Stelle ertönen...«

Dies ist der späte Nachklang eines Werks, das unstreitig einmal sehr beliebt war, wozu die Autorschaft Haydns nicht unwesentlich beigetragen haben mag.

Als Eduard Mörike der Schwiegertochter seines Amtsbruders Breitschwert in Biberach das Kunstblatt »Kinder-Symphonie« von Ludwig Richter zur Hochzeit übersandte, hatte er ein Gedicht beigelegt, das mit folgenden Versen begann:

»Hier, Liebwerteste, seht ihr einen kleinen
Dilettantenverein, ungleich an Kräften
Und teilweise versehn mit Tonwerkzeugen,
Die dem Hörenden bange machen könnten.

Ein symphonisches Stück mit Singpartien
Gilt's, und zwar noch der ersten Proben eine.
Vom andächtigen Klarinett herunter
Bis zum Rätschchen und Vater Haydns Kuckuck
Tut ein jedes nach seinem Kunstvermögen...«

Obwohl es sich hier eindeutig nicht um unser Werk handelt, spukt auch in Mörikes Versen der anscheinend wohlbekannte »Kuckuck« von »Vater Haydn«. Die erste Druckausgabe für den praktischen Gebrauch gab der Verlag Hofmeister um das Jahr 1813 heraus. Bald wurde eine zweite Auflage notwendig, und hierzu hatte ein gewisser Julius Eberwein einen Prolog gedichtet, dessen etwas holprige Verse also begannen:

»In Berchtolsgaden, einem kleinen Ort,
In freundlicher Gegend, bei Salzburg dort,
Geraume Zeit brachte da zu
Vater Haydn in gemüthlicher Ruh.«

Nach alledem muß man die Gewißheit gewinnen, daß es sich bei unserem Werk um eine Symphonie für Kinder aus der Feder Joseph Haydns handle. An dieser Annahme ist jedoch alles falsch: es ist weder eine Symphonie, noch ein Stück für Kinder und schon gar nicht von Joseph Haydn, der wahrscheinlich niemals in Berchtesgaden gewesen ist.

Nun liegt unser Werk – und das ist ein untrügliches Zeichen für seine Beliebtheit – in sehr vielen Abschriften vor. Sie heißen jedesmal anders und zwar:

in Brüssel, Bibliothek des königl. Konservatoriums:
»Berchtolzgarner Sinfonie«
in Budapest, National-Museum (Esterhazy-Archiv):
»Sinfonia Berchtolsgadensis«
in der Stiftsbibliothek Göttweig in Niederösterreich:
»Musikalischer Scherz. Sinfonie für
Berchtolsgadener Instrumente«
in der Stiftsbibliothek Melk:
»Pertolsgattner Divertimento a piu stromenti/usw.
del Sigr. Michaele Haydn (!)«
in Stift Stams in Tirol:
»Berchtolsgaden Musick«
in Zittau, Sammlung Exner:
»Sinfonia/Bertholgadensis«
in der Bibliothek Stolberg-Wernigerode:
»Sinfonia/Bertholdgadnensis à 2 Violini:
e Baßo. / con/Guckkuck. / Trompette / Tromel
Nacht Eule. / Schnarre. / Cimbl Stern
Pfeifel oder / Wachtel / Del Sigr. Hayden:/

Diese Aufzählung erfolgte nicht, um zu zeigen, auf welch mannigfache und originelle Weise man seinerzeit den Ort Berchtesgaden zu schreiben wußte, sondern vor allem, weil alle Kopiaturen dieser Symphonie diesen Zusatz aufweisen, aber in keiner einzigen etwas von einer Zweckbestimmung für Kinder zu lesen ist.

Berchtesgaden war um 1780 – und aus dieser Zeit etwa wird wohl unser Stück stammen – ein Mittelpunkt der Spielzeug-Industrie, vor allem der Kinder-Instrumente. Diese wurden alle in Heimarbeit hergestellt. Ähnliche Schwerpunkte der Herstellung von Kinder-Spielzeug waren das Grödener Tal, Oberammergau, Thüringen und das Erzgebirge; alles Gegenden, in denen im Winter an den langen Abenden Zeit und Muße ist, allerhand Spielzeug zu schnitzen. Im Sommer sodann zogen die Berchtesgadener Heimarbeiter über Land und versuchten ihre winterlichen Arbeiten abzusetzen.

Man kennt den wohlberechneten Effekt, wenn ein Vogelpfeifchen-Verkäufer auf dem Jahrmarkt seine Ansprache hält. Er hat die tongebende Membran dabei im Mund und läßt zwischen den Anpreisungen die erstaunlichsten akustischen Phänomene hören. Man kauft schließlich ein Pfeifchen in der stillen Hoffnung, nach kurzem Üben gleiche Wunder damit vollbringen zu können. Leider muß man dann aber feststellen, daß sich die nachahmenswerten Nachtigall-Koloraturen absolut nicht einstellen wollen, und man wird den Verdacht nicht los, daß der Vogel-Jakob damals etwas viel Raffinierteres im Mund gehabt haben müsse.

Danach liegt nun nahe anzunehmen, daß unter den wackeren Berchtesgadenern ein besonders findiger auf den Gedanken kam, nach dem benachbarten Salzburg zu wandern, um dort Michael Haydn, den Domkapellmeister, oder Leopold Mozart, den erzbischöflichen Konzertmeister, zu bitten, für die Spielzeug-Hersteller ein Stück zu schreiben, in dem die Kinder-Instrumente vorteilhaft zur Geltung kämen.

Im Jahre 1953 wies der Musikwissenschaftler Ernst Fritz Schmid erstmals darauf hin, daß eine früher auf der Münchner Staatsbibliothek befindliche »Cassatio« von Leopold Mozart, dem Vater von Wolfgang Amadeus, drei Sätze enthielt, die thematisch mit den drei Sätzen der »Berchtolsgadener Sinfonie« identisch waren. Mithin stammt die *Musik* der sogenannten Kinder-Symphonie eindeutig von Leopold Mozart und nicht von Michael Haydn. Nun ist besagte Kassation für eine ganz normale Orchester-Besetzung geschrieben, und die Partitur enthält nicht den mindesten Hinweis auf Kuckuck, Schnarre, Cymbelstern und dergleichen.

Der Verfasser machte im »Baierischen Musiklexikon« von Felix Joseph Lipowsky aus dem Jahre 1811 folgende Entdeckung: Unter dem Stichwort Rainprechter steht:

»*Rainprechter* (Johann Nepomuk Franz Seraph) wurde zu Altenötting den 17. Mai 1752 geboren. Er studierte am Gymnasium zu Burghausen Philosophie, die Rechte aber an der hohen Schule zu Ingolstadt, wo er auch zum Magister promoviert worden. Seine Neigung zur Musik, worin er von seinem Vater die Bildung erhielt, war entschieden, daher er schon als Gymnasiast zu Burghausen Versuche in der musikalischen Komposition wagte, die nicht ohne Verdienst waren, und sein aufkeimendes Genie nur zu deutlich verrieten. Von Ingolstadt begab er sich nach Salzburg, wo er beim Kapellmeister *Leopold*

Mozart Unterricht in der Tonsetzkunst erhielt und hierin solche Fortschritte machte, daß selbst Konzertmeister Mich. Haydn seine Arbeiten öffentlich belobte...

Bekannt ist von diesem Tonkünstler auch ein ›musikalisches Quodlibet‹ mit verschiedenen Berchtolsgadner ›Musik-Instrumenten‹, das sich durch die Eigenheit des Gedankens und die launigte und verständige Behandlung sehr ausnimmt, und zur, das Zwergfell erschütternden Unterhaltung ganz geeignet ist...«

Danach kann wohl als wahrscheinlich gelten, daß Vater Mozart die Berchtesgadener mit ihrem Ansinnen an seinen Schüler Rainprechter verwies und gleichzeitig diesem die Erlaubnis gab, einige Sätze aus einer seiner Kassationen für den beabsichtigten Zweck einzurichten. Somit ist die »Kinder-Symphonie» ein Arrangement von drei Sätzen aus einer Komposition von Leopold Mozart. Die Bezeichnung »Quodlibet« rechtfertigt ein solches Verfahren durchaus. Die Berchtesgadener werden dieses Stück auf ihren Verkaufsreisen allenthalben gespielt haben. Das würde auch das Vorkommen der zahlreichen Abschriften hinlänglich erklären.

Bei der lieblichen Frische dieses im besten Sinne einfältigen Werkchens sollte man eigentlich jenen Leuten dankbar sein, die es unbedingt zu einer Komposition des großen Joseph Haydn machen wollten, der – nebenbei bemerkt – sich sehr für Puppen und Spielzeug interessiert haben soll. Die vermeintliche Autorschaft Haydns ist doch wohl der Hauptgrund dafür, daß sich diese kleine originelle Kostbarkeit bis in unsere Tage lebendig erhalten hat. Ob dies unter Rainprechters Namen auch der Fall gewesen wäre?

Wolfgang Amadeus Mozart

KONZERT FÜR DAS WALDHORN

K. V. 412 in D-Dur

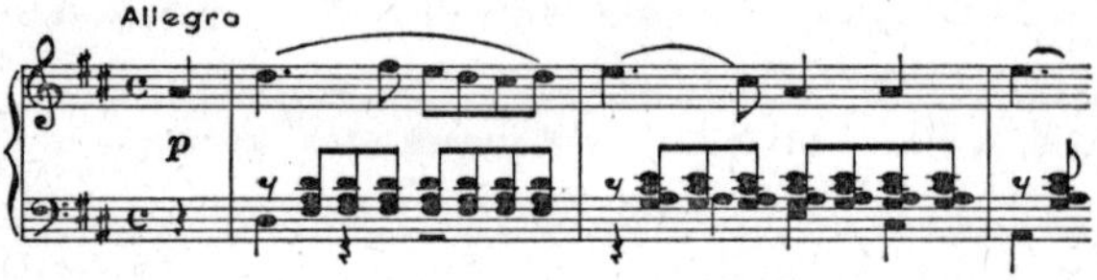

Mozart hat neben 22 Klavier-Konzerten und 6 Violinkonzerten nur je eins für Fagott, Oboe, Flöte und Klarinette geschrieben, dagegen 4 Konzerte für Horn. Diese erstaunliche Vielzahl erklärt sich aus der Handschrift des ersten Horn-Konzertes in D-Dur: K. V. 412 (386^{b}). Die Partitur ist ein Unikum. Das Notenbild des letzten Satzes, eines Rondos, ist nämlich mit einer nicht abreißenden Kette von schriftlichen Bemerkungen geschmückt, die die Stimme des Corno prinzipale mit teils aufmunternden, teils beleidigenden Zurufen begleiten. Diese sind alle in italienischer Sprache gehalten, was ihrer Drastik keinerlei Eintrag tut. Zu Beginn ist gleich das Tempo irreführend angegeben; während die Orchester-Stimmen »Allegro« haben, steht im Solopart »Adagio«. Dann heißt es:

»A lei Signor Asino (An Sie, Herr Esel!) – Animo (Mut!) – Presto (Schnell) – sù via! (Los!) – da bravo! (nur Mut!) – Coraggio (Mut!) – e finisco già! (nun hör schon auf!) – bestia! (Rindvieh!) – o, che stonatura! (oh, wie unrein!) – chi? (wer?) – oimè (Weh mir!) – bravo poveretto! (gut, du Ärmster!) – O seccatura di coglioni! (bitte selbst nachschlagen!) – ah, che mi fai ridere! (ah, daß ich nicht lache!) – ajuto! (zu Hilfe!) – respira un poco! (hol mal ein bißchen Luft!) – avanti, avanti, (los doch, vorwärts!) – questo poi va al meglio (geht ja gar nicht so übel) – e non finisci nemmeno? (und willst du ewig weitermachen?) – ah porco infame! o come sei grazioso! (du fürchterliches Ferkel! Oh, wie anmutig du doch bist!) – Carino! Asino! (Hübsch, Esel!) – hahaha! – repira! (Atemholen!) – Ma intoni almeno una, cazzo! (Setz wenigstens einmal richtig ein, Rest nicht wiedergebbar) – bravo, evviva! – e vieni a seccarmi per la quarta, e Dio sia benedetto per l'ultima volta! (und quäl mich, Gott sei Dank zum letzten Mal, wegen der Quart!) – ah termina, ti prego! (ah, hör auf, ich bitt' dich!) – ah maledetto! (ah, Vermaledeiter!) – anche bravura? (noch mehr Mut?) – ah! trillo di pecore! (ah, ein Bockstriller!) – finisci? grazie al ciel! Basta! Basta!« (Fertig? Dem Himmel sei Dank! Es langt, es langt!)

Für eine Orchester-Partitur sind das recht ungebräuchliche Zusätze. Sie erklären sich aus der Überschrift zum zweiten Konzert für Horn (K. V. Nr. 417 in Es-Dur), wo es heißt: »Wolfgang Amadé Mozart hat sich über den Leitgeb Esel, Ochs und Narr, erbarmt zu Wien den 27. May 1783.« Links oben auf der ersten Seite steht noch mit Rötelstift geschrieben: »Leitgeb Esel.« Das letzte der vier Hornkonzerte (K.V. Nr. 495 in Es-Dur) ist in Mozarts »Verzeichnüß aller meiner Werke« am 26. Juni 1786 mit den Worten eingetragen: »Ein Waldhornkonzert für den Leitgeb.«

Dieser Leitgeb, bisweilen auch Leutgeb oder Leuthgeb geschrieben, war Ignaz Leitgeb aus Salzburg. 1751 hatte Karl Ditters von Dittersdorf beim Prinzen von Hildburghausen in Wien einen Leutgeb »aus einem einzelnen Waldhorn« blasen hören. Am 20. August 1763 (Wolfgang Mozart war damals 7 1/2 Jahre alt und mit seinem Vater als Wunderkind auf Reisen) schreibt Vater Leopold Mozart an seinen Freund Lorenz Hagenauer in Salzburg: »Einmal, seitdem wir auf der Reise sind, ich glaube, es war in Augsburg, fing der Wolfgang, da er morgends erwachte, an zu weinen. Ich fragte, warum. Da sagte er, es wäre ihm leid, daß er die Herren Hagenauer, Wenzel, Spitzeder, Deibel, Leitgeb, Vogt ... und andre gute Freunde nicht sähe.« Das waren alles Freunde und Kollegen Leopolds, und der mitangeführte Leitgeb hieß mit Vornamen Joseph und war Jägerhornist in Diensten des Erzbischofs von Salzburg.

Nun gibt es drei Leitgebs, die in Mozarts Leben eine Rolle spielten; der erste hieß also Ignaz und taucht, aus Salzburg kommend, 1777 in Wien auf. Man darf wohl annehmen, daß dieser ein Sohn jenes Joseph Leitgeb ist, der 1773 nach Mailand kam und als Horn-Bläser einen ungewöhnlichen Erfolg hatte. Ignaz Leitgeb hatte bei Vater Leopold ein Darlehen aufgenommen, mit dem er in einer Vorstadt Wiens »in einem Schneckenhäusl« eine Käserei oder ein Käsegeschäft einrichtete. Der Käsehandel scheint anfangs nicht sehr gut gegangen zu sein, denn noch

5 Jahre später bittet Wolfgang seinen Vater wegen Leitgebs Schulden um Geduld.
Im Laufe der nächsten vier Jahre schreibt Mozart die vier Konzerte für Horn und Orchester, ein Rondo für dieselbe Besetzung und ein Quintett für Horn, Violine, zwei Bratschen und Violoncello, in welchem er dem Horn solistische Aufgaben zuweist. Offensichtlich geschah das alles, um dem bedrängten Käsehändler die Möglichkeit eines einträglichen Nebenverdienstes zu geben. Merkwürdigerweise hat sich in der einschlägigen Mozart-Literatur kein einziges Zeugnis über die künstlerischen Fähigkeiten Leitgebs erhalten. Auf alle Fälle muß er ein ausgezeichneter Bläser gewesen sein, sonst hätte sich Mozart wohl kaum herbeigelassen, so viel für ihn zu komponieren.
Im übrigen scheint dieser Ignaz Leitgeb das gewesen zu sein, was der Wiener einen »Dalk« nennt. Es ist einer jener Fälle, in denen sich die gesamte Hirntätigkeit auf ein eng begrenztes Arbeitsgebiet beschränkt, wobei ganz außergewöhnliche Leistungen erzielt werden können.
Mit dem einfältigen Käsehändler hat Mozart etwas seltsame Possen getrieben: so warf er, während er an einem der Konzerte arbeitete, Stimmen-Material eines Orchesterwerks in buntem Durcheinander auf den Fußboden, und der arme Ignaz mußte, auf allen Vieren kriechend, alles wieder einsammeln und ordnen. Ein andermal ließ Mozart ihn, als er ein neues Hornkonzert fertig instrumentierte, die ganze Zeit über hinter dem Ofen knien.
Ignaz Leitgeb hatte sich in Wien verehelicht, und der Kontakt mit der Familie Leitgeb scheint besonders eng in jener Zeit gewesen zu sein, in der Mozart

an der »Zauberflöte« arbeitete und seine Konstanze in Baden bei Wien zur Kur weilte. Im Juni 1791 übernachtete Mozart bei den Leitgebs, und Frau Leitgeb mußte ihm am Morgen das Halsbindel knüpfen. Er schreibt darüber an Konstanze am 6. 6. 1791: »Madame Leitgeb hat mir heute das Halsbindel gemacht. Aber wie! Lieber Gott! Ich habe freilich immer gesagt: ›So macht sie's!‹ Es nützte aber nichts.«
Am 25. Juni 1791 machte sich Mozart mit dem Ärmsten wieder einmal einen Kapital-Spaß; er schreibt an seine Frau: »Heute machte ich dem Leutgeb eine Überraschung. Ich ging zuerst zu den Rehbergischen, und da schickte die Frau eine Tochter hinauf, ihm zu melden, daß ein alter guter Bekannter aus Rom da sei; er wäre schon alle Häuser abgelaufen und hätte ihn nicht finden können. Er schickte zurück, ich möchte nur ein wenig warten. Unterdessen legte sich der arme Narr – wie an einem Sonntage – das schönste Kleid an und frisierte sich prächtig. Du kannst Dir vorstellen, wie wir ihn dann ausgelacht haben. Ich muß halt immer einen Narren haben!«
Zum Ausgleich gewissermaßen nahm Mozart ihn wiederholt in die ersten Aufführungen der »Zauberflöte« mit. Ignaz Leitgeb vermittelte übrigens Mozarts Bekanntschaft mit den Piaristen, in deren Ordensschule Mozart seinen Sohn Karl erzogen wissen wollte. In dem letzten Briefe, den Mozart an seine Frau schrieb, erwähnt er, daß er den Leitgeb zum Essen eingeladen habe.
Es ist ein seltsames Spiel des Zufalls, daß jener geheimnisvolle Unbekannte, der im Juli 1791 das Requiem in Auftrag gab, ebenfalls Leitgeb hieß. Dieser *Anton* Leitgeb war der Sohn eines Wiener Bür-

germeisters und hatte Jura studiert. Er besaß Gipsfabriken am Semmering und war Gutsnachbar des Grafen Franz von Walsegg-Stuppach. Dieser war ein seltsamer Kauz; er liebte die Musik, blies annehmbar die Flöte und traktierte mäßig das Violoncello. Er hatte aber außerdem die Marotte, bei namhafteren Komponisten Streichquartette und andere Kompositionen zu bestellen, die er eigenhändig abschrieb und an seinen regelmäßigen Musikabenden den Mitspielern auf die Pulte legen ließ. Nach Beendigung des Musizierens hielt er eine Rundfrage, wer das wohl komponiert habe. Pflichtschuldigst rieten diese dann auf den Grafen selbst, was der also Geschmeichelte unwidersprochen ließ. Im Februar des Jahres 1791 war die Gattin des Grafen von Walsegg-Stuppach verstorben, und er schickte seinen Gutsnachbarn Leitgeb, der als Justitiar ihm auch sonst behilflich war, zu Mozart, damit dieser ihm ein Requiem schreibe. Besagter Leitgeb, eine etwas finster wirkende und sehr gemessen auftretende Persönlichkeit, entledigte sich dieses Auftrags im Juli des gleichen Jahres. Mozart stellte eine angemessene Honorar-Forderung. Der Bote hielt seinen Auftraggeber geheim und machte Mozart die Auflage, nicht nach diesem zu forschen, da er ihn doch nicht herausbringen würde. Er wiederholte seinen Besuch ein paar Tage später und überbrachte die ausbedungene Summe.

Man muß sich vergegenwärtigen, daß Mozart schon damals an urämischen Reizzuständen litt, so daß ihn dieser Auftrag gewaltig erschreckte. Als der graue Bote bei Mozarts letzter Reise – er fuhr zur Komposition und Aufführung der Oper »La Clemenza di Tito« nach Prag – im August am Wagenschlag erschien und auf die Komposition des Requiems drang, festigte sich in Mozart der Gedanke immer mehr, daß es sich bei diesem Werk um sein letztes handeln müsse. Gleich nach Vollendung der »Zauberflöte« widmete er sich dieser Arbeit, bei der ihn tatsächlich der Tod ereilte. Noch einen Tag vor seinem Verscheiden sang er mit einigen Freunden Bruchstücke aus diesem unvollendeten Werk, das sein eigenes Requiem wurde.

Ludwig van Beethoven

DIE MONDSCHEINSONATE

Sonata quasi una Fantasia, cis-moll
Opus 27 Nr. 2

Diese Takte dürften auch dem, der sich nur gelegentlich mit Musik befaßt, geläufig sein. Es ist der Anfang der »Mondschein-Sonate«. In Österreich allerdings wird sie keineswegs so genannt, sondern heißt dort »Lauben-Sonate«. Beide Titel sind nicht von Beethoven; aber vom ersten Titel weiß man wenigstens den Urheber.

Beethoven schrieb dieses Werk im Jahre 1801. Zu seinen Schülerinnen gehörte damals die 17jährige Gräfin Giulietta Guicciardi. Sie war aus Italien nach Wien gekommen, denn ihr Herr Papa war zum Hofrat der böhmischen Hofkanzlei in der österreichischen Hauptstadt ernannt worden. Beethoven scheint den weiblichen Reizen der anmutigen Schülerin gegenüber nicht unempfindlich gewesen zu sein. Sein Famulus, Anton Schindler, wollte in ihr jene weibliche Persönlichkeit sehen, die als »unsterbliche Geliebte«

durch die Beethoven-Literatur geistert. An diese legendäre Person schrieb Beethoven einen dreiteiligen Brief, der kurz nach seinem Tode von seinem Jugendfreunde Stephan von Breuning in einem Geheimfach gefunden wurde. Er hätte ihn lieber verbrennen sollen, statt ihn der Forschung zugänglich zu machen, die sich in wenig taktvoller Weise mit folgenden Fragen ausgiebig befaßt hat:

Erstens: Wann hat Beethoven den Brief geschrieben?
Zweitens: Ist er je abgeschickt worden?
Drittens: Wenn ja; hat Beethoven ihn zurückerhalten?
Viertens: Ist es nur ein Entwurf?
Fünftens: An wen war der Brief gerichtet?

Schindlers Behauptung, die Gräfin Guicciardi sei die Adressatin gewesen, ist später vom Musikschrifttum bezweifelt worden, und nicht ohne gewisse Schadenfreude stellt man fest, daß dieses Geheimnis bis heute keineswegs endgültig gelüftet wurde.

Im Nachlaß Beethovens fand sich ein Medaillon mit dem Bildnis der schönen Comtesse. Nach ihm zu urteilen, war sie »ein etwas kokettes, ausnehmend reizvolles Persönchen mit sieggewohnten Augen, einem wählerischen Mund und einer kecken, aufrechten Körperhaltung bei anmutigen weiblichen Formen« (Romain Rolland). Giulietta machte auch nicht geringes Aufsehen, als sie 1801 in den kunstsinnigen Salons der Aristokratie in Wien plötzlich auftauchte. Sie war entschieden musikalisch begabt; das geben sogar die mit ihr verwandten Schwestern Brunswik zu, wenn sie äußern, die Comtesse habe das Trio für Klarinette, Violoncello und Klavier (s. S. 158) »sehr hübsch« gespielt. Beethoven wollte für die Klavierstunden durchaus keine Bezahlung annehmen. Giulietta schenkte ihm dafür ein Dutzend Hemden, die Beethoven aber erst annahm, als sie ihm weismachte, sie selber habe sie genäht. Daraufhin fühlte sich Beethoven wiederum ihr verpflichtet und schenkte ihr die Urschrift des Rondos für Klavier in C-Dur, op. 51 Nr. 2:

Mit diesem Rondo war Beethoven voreilig gewesen; er mußte das Manuskript von Giulietta wieder zurück erbitten, weil er es Henriette von Lichnowsky zueignen wollte. Dafür widmete er dann der Comtesse die »Sonate quasi una Fantasia in cis-moll«, womit die Comtesse wohl zufrieden sein konnte.
In jenen Tagen hatte ein Onkel der Schwestern Brunswik vier Nichten und Giulietta auf sein ungarisches Gut Korompa eingeladen. Auch Beethoven fand sich dort ein. Er war damals sehr sorgfältig gekleidet und machte trotz seines pockennarbigen Gesichts gute Figur, was die Porträts aus diesen Jahren durchaus bestätigen. Im Park von Korompa soll in einer Laube der erste Satz der cis-moll-Sonate entstanden sein. Wohlgemerkt: »soll.« Daher: »Lauben-Sonate.«
Als die Sonate im März 1802 im Druck erschien, »dedicata alla Damigella Contessa Giulietta Guicciardi«, hatte sich das kleine Fräulein in den Grafen Robert Gallenberg verliebt, der um ihre Hand anhielt und sie auch sofort erhielt. Die Gräfin ging mit

ihrem Gatten nach Italien und führte eine recht unglückliche Ehe. Ihr Leben dort wird als »abenteuerlich« bezeichnet. Es war daher kein Wunder, daß Beethoven 20 Jahre später von ihr nichts mehr wissen wollte, als sie ihn aufsuchte. Aber auch in der Familie der Gräfin war es durchaus verpönt, von Beethoven anders zu sprechen als vom »Musiklehrer«. Das merkwürdigste Faktum zum Thema »Mondschein-Sonate« hat Alexander Wheelock Thayer beigesteuert. Er fand einen Brief, den ein gewisser Dr. Grosheim 1819 an Beethoven geschrieben hatte. Darin heißt es: »Sie schrieben mir, daß Sie an Seumes Grab in Teplitz sich unter die Zahl seiner Verehrer gestellt haben... Es ist mir noch immer ein nicht zu unterdrückender Wunsch, es möge Ihnen, Herr Capellmeister, gefallen, Ihre Vermählung mit Seume (ich meine die Phantasie cis-moll und ›Die Beterin‹) der Welt mitzuteilen.« Besagte »Beterin« ist ein Gedicht von Johann Gottfried Seume, der den seinerzeit viel gelesenen »Spaziergang nach Syrakus« schrieb. Kostprobe aus Seumes »Beterin«:

Auf des Hochaltares Stufen kniet
Lina im Gebet, ihr Antlitz glühet
Von der Angst der Seele hingerissen,
Zu der Hochgebenedeiten Füßen.

Gnade ihrem Vater, dessen Schmerzen
Ihrem lieben, kummervollen Herzen
In des Lebens schönsten Blütentagen
Bitter jeder Freude Keim zernagen;

Rettung für den Vater ihrer Tugend,
Für den einz'gen Führer ihrer Jugend,
Dem allein sie nur ihr Leben lebet,
Über dem der Hauch des Todes schwebet.

Eine Träne netzt auch meine Lider:
Vater, gib ihr ihren Vater wieder!
Gern wollt ich dem Tode nahetreten,
Könnte sie für mich so glühend beten!

Zur Schonung des geschätzten Lesers wurde die Hälfte der Seumeschen Strophen weggelassen. Thayer schreibt abschließend zu unserem Thema: »Man wird sich schwer mit dem Gedanken befreunden, künftig bei dem ersten Satz dieser Sonate an Seumes schwerfällige Verse zu denken, obwohl der uns nicht erhalten gebliebene Brief Beethovens an Dr. Grosheim das beinahe zur Pflicht macht.«

Was den Mondschein anbetrifft: Wie man im Kapitel »Franz Schubert, die Geschichte dreier Ständchen« nachlesen kann, gehörte der Berliner H. F. L. Rellstab zu den enthusiastischen Bewunderern Beethovens. In einer seiner Veröffentlichungen verglich er den ersten Satz der Sonate mit einer Bootsfahrt auf dem mondbeglänzten Vierwaldstätter-See. Dieser subjektive Eindruck Rellstabs hat der Sonate den Namen gegeben, obwohl er mit dem zweiten und dritten Satz dieses Werks auch nicht das mindeste zu tun hat.

Beethoven hat in späteren Jahren nicht nur von der Gräfin Gallenberg, sondern auch von seiner cis-moll-Phantasie-Sonate nicht mehr viel gehalten. Zu Karl Czerny bemerkte er: »Immer spricht man von der cis-moll-Sonate! Ich habe doch wahrhaftig Besseres geschrieben.«

Ludwig van Beethoven

DIE KREUTZER-SONATE

A-Dur op. 47

»Als ich Beethoven zu Wien in dieser konzertierenden Sonate begleitete, ahmte ich bei der Wiederholung des ersten Teils vom Presto den Lauf im 18. Takt der Pianoforte-Partie dieses Satzes auf der Geige nach. Beethoven sprang auf, umarmte mich und sagte: ›Noch einmal, mein lieber Bursch!‹ Dann hielt er das offene Pedal während dieses Geigenlaufs auf dem Tone C bis zum neunten Takte aus.«
So steht es in den nachgelassenen Papieren – nicht etwa Kreutzers, sondern des Mulatten Georg August Polgreen Bridgetower. *Er* war es nämlich, für den Beethoven im Jahre 1803 diese Violin-Sonate schrieb, und dieser spielte sie mit ihm wohl am 24. Mai jenes Jahres in einem Augarten-Konzert zu Wien.
Da fragt man sich zunächst, wie Beethoven dazu kam, mit Bridgetower zusammen aufzutreten. Um das zu ergründen, schauen wir uns London im Jahre 1790 an. Damals verkehrte in den höheren Gesellschaftskreisen der britischen Hauptstadt ein Farbiger, der als »Abyssinischer Prinz« allgemein bekannt war.

Als besondere Attraktion führte er einen zehnjährigen Sohn mit sich, der als ein Wunderkind Violine spielte. Am 2. Juni 1790 trat dieser zusammen mit dem damals achteinhalbjährigen Knaben Franz Clement aus Wien in einem Konzert auf. Und dieser Clement, der später Orchesterdirektor im Theater an der Wien und um die Jahrhundertwende viel mit Beethoven zusammen war, ist es wohl gewesen, der Beethoven auf den Mulatten aufmerksam gemacht hat.
G. A. P. Bridgetower war keineswegs in Abessinien geboren, sondern merkwürdigerweise in Biala, also in Polen. Zu jener Zeit, in der sich Vater Bridgetower als abessinischer Prinz in London feiern ließ, lebte Bridgetowers Mutter zusammen mit einem weiteren braunen »Prinzen«, der Violoncello spielte, in Dresden. In London stellte sich bald heraus, daß Bridgetower senior leicht geistesgestört war. Darauf nahm der Prince of Wales den Knaben in seine Dienste und ließ ihn durch den Geiger François Hippolite Barthélemon vollends ausbilden.
1802 unternimmt der junge Virtuose eine Kunstreise auf dem Kontinent. Er besucht seine Mutter in Dresden, wendet sich nach Wien und trifft dort seinen Londoner Konzert-Partner Clement wieder. Dieser vermittelt also wahrscheinlich die Bekanntschaft mit Beethoven, der sich von der außerordentlichen Begabung des nunmehr zweiundzwanzigjährigen Geigers überzeugt und ihn in befreundete Adelskreise einführt. Beethoven muß viel für den Mulatten übrig gehabt haben, wenn er in einem Briefe an ihn wörtlich schreibt: »... und bis dahin freue ich mich im bloßen Angedenken an Sie, Sie heute zu sehen. Ihr Freund Beethoven.«

Am 9. Mai 1803 richtet Bridgetower ein Gesuch an die Polizei, im Augarten ein Konzert geben zu dürfen. Er stützt seine Bitte auf folgende Feststellungen: »1. ist er dermahlen als Tonkünstler in wirklichen Diensten des Kronprinzen von Engelland; 2. hat er sich schon in mehreren Theilen Europas auf der Violin mit allgemeinem Beyfall und Auszeichnung hören lassen und 3. wird er auch von dem hiesigen hohen Adel geschätzt und unterstützt, und so wünscht er sich auch hier öffentlich Ehre einzulegen.« Mit einiger Verzögerung erhält Bridgetower die Erlaubnis und vermag Beethoven dazu zu bewegen, eigens für dieses Konzert ein Werk zu schreiben. Und nicht nur das: Beethoven soll ihn am Klavier begleiten.
Beethoven geht auf beides bereitwillig ein und schreibt eine »Sonata scritta in un stilo molto concertante quasi come d'un Concerto«, wie es in den Skizzen heißt, welcher vierstöckige Titel fast unverändert in die erste Druck-Ausgabe überging. Statt »molto concertante« sollte es sogar ursprünglich »brillante« heißen. Man sieht also, daß diese Sonate dazu bestimmt war, die technischen Fertigkeiten der beiden Konzertgeber in das hellste Licht zu rücken.
In der Urschrift dieser Sonate soll allerdings – das Original gilt als verschollen! – schlicht gestanden haben: »Sonata mulattica.« Das ist natürlich von Beethoven spaßhaft gemeint gewesen.
Und nun kommt ein merkwürdiger Umstand: diese berühmte Sonate ist eigentlich ein Torso. Beethoven wurde nämlich bis zum Konzert-Termin mit der Komposition nicht fertig. Sein Schüler Ferdinand Ries erzählt, daß Beethoven ihn kurz vor dem Konzert um $1/2$ fünf in der Frühe rufen ließ, damit er die

Violinstimme des ersten Satzes schnell ausschreibe. Ries berichtet ferner, daß Bridgetower im Konzert das Thema mit Variationen (den zweiten Satz) aus Beethovens Handschrift habe spielen müssen, weil zur Abschrift der Violinstimme keine Zeit mehr war. Wer Beethovens Handschrift kennt, kann ermessen, was das für den jungen Geiger bedeutete. Danach muß er nicht nur ein hervorragender Instrumentalist, sondern auch ein außerordentlich geistesgegenwärtiger Entzifferer von unleserlichen Handschriften gewesen sein. Mit dem letzten Satz wird er dagegen keine Lese-Schwierigkeiten gehabt haben, denn dieser Teil der Sonate lag sauber abgeschrieben vor. Er war nämlich schon ein Jahr zuvor entstanden und Bestandteil der Violin-Sonate in A-Dur op. 30 Nr. 1. Beethoven übernahm also diesen Satz in die Sonate op. 47, wobei ihm der Umstand zugute kam, daß die Tonart stimmte. Für die Sonate op. 30 Nr. 1 schrieb er dann eilends ein Thema mit Variationen; allerdings hält dieser Abschluß mit dem ursprünglichen Satz der Sonate keinen Vergleich aus. Durch die Verpflanzung des tarantella-artigen Schlußsatzes von op. 30 ergibt sich der merkwürdige Umstand, daß man nicht mehr sagen kann, ob die Kreutzer-Sonate ein Moll- oder ein Dur-Stück ist, denn der erste Satz steht in a-Moll, der zweite in F-Dur und der Schluß-Satz müßte, wenigstens teilweise, wiederum in a-Moll stehen, ist aber reines A-Dur.

Diese Tatsache sollte jenen Ästheten, die in den verschiedenen Sätzen eines klassischen Werkes unbedingt ein einheitliches, unteilbares Ganzes sehen wollen, sehr zu denken geben, zumal Beethoven in seinem Streich-Quartett in B-Dur op. 130 ganz ähn-

lich verfahren ist: er ersetzte die große Fuge des letzten Satzes auf Anraten seiner Freunde durch ein nachkomponiertes Finale.
Jenes Konzert im Augarten wurde vom gesamten musikalischen Adel Wiens besucht, und die von den Adelsfamilien gezeichnete Subskriptions-Liste erbrachte den stattlichen Betrag von 1140 Gulden (Florin). Der Erfolg des gemeinsamen Auftretens ist umstritten. Während Beethovens Schüler Karl Czerny behauptet, der Mulatte sei wegen seines extravaganten Spiels ausgelacht worden, berichtet Bridgetower, daß der zweite Satz auf einmütiges Verlangen der Zuhörerschaft habe wiederholt werden müssen.
Bridgetower erzählte später, es sei bald darauf zu einem Zerwürfnis zwischen ihm und Beethoven gekommen, und zwar wegen eines Mädchens. Sollte dies zutreffen, dann wäre diese weibliche Person der Anlaß, daß die Sonate heute allgemein die »Kreutzer-Sonate« heißt. Denn sie wurde nicht – wie ursprünglich geplant – Bridgetower, sondern dem französischen Geiger Rodolphe Kreutzer gewidmet. Dieser Rodolphe Kreutzer darf nicht mit seinem Zeitgenossen Konradin Kreutzer verwechselt werden (Nachtlager von Granada), dem Beethoven aus unbekannten Gründen spinnefeind war. Rodolphe Kreutzer war gebürtiger Franzose und weilte im Frühjahr 1798 im Gefolge Bernadottes in Wien. Er lernte Beethoven kennen, als er 32 Jahre alt war. Beethoven muß ihn aufrichtig geschätzt haben, denn als er 1804 an den Verleger Simrock schrieb, daß er diese Sonate Kreutzer widmen wolle, setzte er wörtlich hinzu: »...werde ich Ihnen sogleich alsdann ein Blättchen an Kreutzer schicken, welches Sie ihm bei Übersendung eines

Exemplars so gütig sein werden, beizulegen – dieser Kreutzer ist ein lieber guter Mensch, der mir bei seinem hiesigen Aufenthalte sehr viel Vergnügen gemacht; seine Anspruchslosigkeit und Natürlichkeit ist mir lieber als alles Exterieur ohne Interieur der meisten Virtuosen. – Da die Sonate für einen tüchtigen Geiger geschrieben ist, um so passender die Dedikation . . .«

So geschah es, daß die »Sonata mulattica« heute allgemein Kreutzer-Sonate heißt.

Leo Tolstoi widmete dem Eheproblem eine Novelle, die er »Kreutzer-Sonate« nannte. Sie wurde im kaiserlichen Rußland prompt verboten und erschien daher zuerst in deutscher Sprache. Die Sonate spielt darin eine ganz untergeordnete Rolle. Tolstoi findet das Andante »schön, aber nicht ungewöhnlich oder neu«, die Variationen »abgeschmackt« und das Finale »ganz schwach«. Über den ersten Satz des Werkes schreibt er jedoch: »Darf man von Rechts wegen dieses Presto im Salon inmitten dekolletierter Damen spielen, die hinterher Beifall klatschen, Gefrorenes essen und über die letzte Skandalgeschichte plaudern? Solche Stücke sollten nur bei gewissen wichtigen bedeutsamen Gelegenheiten gespielt werden, um gewisse, der Musik entsprechende wichtige Handlungen auszulösen. Dem Spiel hat die Tat zu folgen, zu der die Musik begeistert hat.«

Damit wäre die Geschichte der »Kreutzer-Sonate« erzählt, wenn diese nicht eine ziemlich überraschende Schluß-Pointe hätte: Rodolphe Kreutzer – guter lieber Mensch, der er war – hat nachweislich die ihm von Beethoven gewidmete Sonate nicht ein einziges Mal in seinem Leben öffentlich gespielt!

Ludwig van Beethoven

DIE WALDSTEIN-SONATE

GRANDE SONATE POUR LE PIANOFORTE
composée et dédiée à
Monsieur le COMTE DE WALDSTEIN
Commandeur de l'ordre Teutonique à Virnsberg
et Chambellan de Sa Majesté J. & J. R. A.
par
Louis van Beethoven
op. 53

So der Titel der ersten Ausgabe und der Beginn der 21. Klaviersonate Beethovens; von den Pianisten, den Kennern und den Konzert-Direktionen kurz »Waldstein-Sonate« genannt. Sie verdankt ihren Namen dem Widmungs-Empfänger: Ferdinand Ernst Joseph Gabriel von Waldstein. Er stammte aus einem alten böhmischen Adelsgeschlecht, das aus verschiedenen Gründen zweimal von sich reden gemacht hat; einmal im Dreißigjährigen Kriege, als der Heerführer Albrecht von Waldstein (auch »Wallenstein« oder als Herzog von Friedland der »Friedländer« genannt) eine militärisch glanzvolle, politisch aber recht zwielichtige Rolle spielte, zum andern, weil auf dem Schlosse derer von Waldstein zu Dux in Böhmen Giacomo Girolamo Casanova, Chevalier de Seingalt (dieses Adelsprädikat hatte er sich selbst zuerkannt) als Bibliothekar und Hausnarr seine letzten Lebensjahre verbrachte. Der Graf Joseph Karl Emanuel von Waldstein hatte den alten Abenteurer in der venezianischen Gesandtschaft in Paris kennengelernt und auf sein Schloß eingeladen. Dieser humorvolle Waldstein war der älteste Bruder jenes Ferdinand Waldstein, dem Beethoven die »Grande Sonate« op. 53 in C-Dur widmete.

Bekanntlich hatte Beethoven den Adelskreisen in Wien viel zu verdanken; von Waldstein gebührt das Verdienst, schon in Bonn den Sohn eines ziemlich heruntergekommenen Chortenors nachdrücklich und erfolgreich gefördert zu haben. Er war also der erste adelige Gönner Beethovens.

Graf von Waldstein war das vierte Kind eines früh verstorbenen Vaters und wurde auf Grund eines Familienbeschlusses für den deutschen Orden (l'ordre Teutonique, s. Widmung) bestimmt. Zu diesem Behufe wurde er nach Bonn geschickt, wo der Großmeister dieses Ordens, Max Franz, Kurfürst von Köln, residierte. Am 17. Juni 1788 erhielt Ferdinand von Waldstein den Ritterschlag, nachdem er sich noch ein Jahr zuvor bci Löscharbeiten an zwei brennenden Bauernhäusern ausgezeichnet hatte. Der junge Graf – er war acht Jahre älter als Beethoven – ist tatsächlich der erste Mann der damaligen »high society« gewesen, der Beethovens außerordentliche Anlagen richtig erkannte und tatkräftig förderte. Er schenkte ihm ein Klavier, tarnte seine Geldzuwendungen als kurfürstliche Gratifikationen und besuchte den jungen Künstler häufig in dessen armseliger Behausung in der Wenzelgasse. Auf Waldsteins Anregungen soll auch die später vielfach bezeugte Fähigkeit Beethovens zurückgehen, aus dem Stegreif über ein gegebenes Thema zu phantasieren.

Die Freundschaft der beiden jungen Männer zeitigte auch künstlerische Ergebnisse: am Fastnacht-Sonntage des Jahres 1791 »führte der hiesige Adel auf dem Redoutensaale ein karakteristisches Ballett in altdeutscher Tracht auf. Der Erfinder desselben, Se. Excellenz der Graf von Waldstein, dem Komposition des Tanzes und der Musik zur Ehre gereichen, hatte darinn auf die Hauptneigungen unserer Urväter zu Krieg, Jagd, Liebe und Zechen Rücksicht genommen.« (Reichards Theaterkalender 1792).

Die Musik ist aber unzweifelhaft zum überwiegenden Teil von Beethoven, obwohl es nicht ausgeschlossen ist, daß der Graf die eine oder andere musikalische Idee beigesteuert hat. Der Graf komponierte nämlich auch. Beethoven hat über eines seiner Themen acht Variationen für Klavier zu vier Händen geschrieben.

Am 29. Oktober 1792 schrieb von Waldstein in Beethovens Stammbuch folgende Zeilen:

»Lieber Beethoven. Sie reisen itzt nach Wien zur Erfüllung Ihrer so lange bestrittenen Wünsche. Mozart's Genius trauert noch und beweint den Tod seines Zöglings. Bei dem unerschöpflichen Haydn fand er Zuflucht, aber keine Beschäftigung; durch ihn wünscht er noch einmal mit jemanden vereinigt zu werden. Durch ununterbrochenen Fleiß erhalten Sie: Mozart's Geist aus Haydn's Händen.«

Der Stil dieser Zeilen ist zweifellos vom Zeitalter der Empfindsamkeit bestimmt worden. Aber hier taucht zum ersten Male jene Klassiker-Zusammenstellung auf, die als »Trias« fast ein Jahrhundert lang die Programme der Kammermusikabende beherrscht hat. Als der Kultur- und Musikhistoriker Hermann Freiherr von der Pfordten in den zwanziger Jahren ein Mitglied des Busch-Quartetts fragte, was denn heute abend im Konzert gespielt würde, erhielt er die Antwort: »Nu, die übliche Münchener Speisenkarte: Schlegelbraten, Gratbraten, Nierenbraten: Haydn, Mozart, Beethoven.«
Mit der zweiten Reise Beethovens nach Wien trennten sich die Lebenswege: Waldstein wurde in Bonn Ordenskomtur und entzweite sich 1795 mit dem Kurfürsten. Er ging nach England und erhielt dort die Erlaubnis, ein deutsches Regiment zu »errichten«. 1809 wurde er als großbritannischer Oberst dem österreichischen Hauptquartier zugeteilt. 1812 legte Graf Waldstein die Komturwürde nieder und heiratete in Wien die Gräfin Isabella Rzewusky; drei Jahre später berichtete die Gräfin Lulu von Thürheim in ihren Memoiren über den Grafen:
»Zu Beginn unseres Aufenthaltes im Schweizerhaus bei Baden war unsere einzige Gesellschaft Isabella Rzewusky und ihr Gatte Ferdinand Waldstein. Letzterer war geistreich und lustig, sein Charakter sanft und liebenswürdig, daher er als ein guter Gesellschafter galt. Seine Fehler blieben für jene verborgen, die ihn nur oberflächlich kannten, doch wurden sie ihm zum Unheile in seinen Angelegenheiten; unternehmungslustig, wie ein Abenteurer fortwährend mit waghalsigen Geld-Spekulationen beschäf-

tigt, der Spielball von Schurken, die seine Ehre kompromittierten, zog er oftmals den schönsten Namen in das tiefste Elend, wurde Industrie-Ritter und näherte sich allzusehr dem Schmutz, um nicht mit Kot bespritzt zu werden.«

Der Adelsstolz hat diese Gräfin aus verarmter Familie möglicherweise allzu hart urteilen lassen; merkwürdig ist nur der Umstand, daß sich Beethoven um seinen Förderer aus Bonner Jugendtagen kaum noch gekümmert hat. Die einzige Ausnahme ist die 1803 bis 1804 geschriebene große Klavier-Sonate in C-Dur op. 53. Ein Begleitschreiben zu der Widmung an den Grafen gibt es nicht; wir müssen daher annehmen, daß dieses herrliche Werk der Künstlerdank für die warmherzige Förderung war, die Beethoven in seiner Jugend vom Grafen erfuhr.

Die Sonate selbst weist eine Abweichung von der üblichen Satzanordnung Beethovenscher Klavier-Sonaten aus jenen Jahren auf. Es fehlt vor allem ein langsamer Mittelsatz. Stattdessen befindet sich an dieser Stelle eine »Introduzione« von nur 28 Takten. Sie soll das Rondo vorbereiten, ist jedoch mit diesem thematisch in keiner Weise verwandt und reicht nur ganz am Schluß den Melodie-Ton des Auftaktes dem Rondo hinüber. Diese Introduzione hat Beethoven erst später eingefügt. Die Waldstein-Sonate hatte zuerst einen richtigen – und zwar besonders schönen – langsamen Satz, der heute als »Andante favori« (ohne Opuszahl) bekannt und beliebt ist. Aus welchem Grunde dieser Satz aus der Sonate verschwand, erklärt uns Beethovens Schüler, der nachmalige treffliche Pianist und Komponist Ferdinand Ries:

»Ein Freund Beethoven's äußerte ihm, die Sonate sei

zu lang, worauf dieser von ihm fürchterlich hergenommen wurde. Allein, ruhige Überlegung überzeugte meinen Lehrer bald von der Richtigkeit der Bemerkung. Er gab nun das große Andante in F-Dur, $^3/_8$ Takt, allein heraus und componierte die interessante Introduktion zum Rondo, die sich jetzt darin befindet, später hinzu... Dieses Andante hat aber eine traurige Rückerinnerung in mir zurückgelassen. Als Beethoven es unserem Freunde Krumpholtz und mir zum erstenmale vorspielte, gefiel es uns auf's höchste und wir quälten ihn so lange, bis er es wiederholte. Beim Rückwege, am Hause des Fürsten Lichnowsky vorbeikommend, ging ich hinein, um ihm von der neuen herrlichen Composition Beethovens zu erzählen und wurde nun gezwungen, das Stück, so gut ich mich dessen erinnern konnte, vorzuspielen. Da mir immer mehr einfiel, so nöthigte mich der Fürst, es nochmals zu wiederholen. So geschah es, daß auch dieser einen Theil desselben lernte. Um Beethoven eine Überraschung zu machen, ging der Fürst des andern Tages zu ihm und sagte, auch er habe etwas componiert, welches gar nicht schlecht sei. Der bestimmten Erklärung Beethoven's, er wolle es nicht hören, ungeachtet, setzte sich der Fürst hin und spielte zu des Componisten Erstaunen einen guten Theil des Andante. Beethoven wurde hierüber sehr aufgebracht und diese Veranlassung war Schuld, daß ich Beethoven *nie* mehr spielen hörte.«

Wie Graf Waldstein Beethovens Widmung der C-Dur-Sonate aufnahm, ist nicht überliefert. Man weiß nur, daß er 19 Jahre später starb: »... er endigte in einem Zimmer ohne Feuer, auf einem Bette, das ihm nicht gehörte und starb, da er einen Arzt nicht zahlen konnte. Durch eine Laune des Schicksals erbte Ferdinand von Waldstein vier Tage vor seinem Tode ein hübsches Vermögen; er starb also im Elend, ohne zu ahnen, daß er reich geworden.« (L. v. Thürheim.)

Ludwig van Beethoven

DIE „RUSSISCHEN" STREICHQUARTETTE

auch Rasumowsky-Quartette genannt
op. 59 Nr. 1–3

In den Witz-Zeitungen des angehenden 20. Jahrhunderts gab es – neben Zusammenfassungen wie »Aus Kindermund« oder »Wahre Geschichten« – häufig eine Spalte, die »Russisches, allzu Russisches« hieß. Aber so russisch wie die dort mitgeteilten Geschichten – die meist dartun sollten, wie weit das damalige Rußland hinter der im übrigen Europa herrschenden Zivilisation zurückgeblieben sei –, sind die drei Streichquartette op. 59 von Beethoven gar nicht! Sie werden lediglich so genannt, weil im ersten wie auch im zweiten Quartett dieser Reihe über den Noten die Worte »Thème russe« stehen.
Es ist eine ziemlich erstaunliche Tatsache, daß in der landläufigen Literatur über Beethoven so gut wie keine Hinweise zu finden sind, um was für russische Themen es sich hierbei handelt, und woher Beethoven

diese genommen hat. Daß er diese melodischen Fremdkörper überhaupt in großformatige Kammermusik-Werke aufnahm, wird mit ihrem Widmungs-Empfänger, dem Grafen Andreas Kyrillowitsch Rasumowsky, erklärt.

Es lohnt sich, bei diesem etwas zu verweilen. Er war der vierte Sohn eines Kosaken-Hetmans aus dem abgelegenen Dorf Lemeschi in der Ukraine. Dieser Hetman hieß Rasum, hatte eine herrliche Stimme und konnte gleich seinem älteren Bruder großartig singen, wie man das von Kosaken heute noch gewohnt ist. Beide Brüder taten Dienst in Petersburg und fielen durch ihre stattliche Erscheinung und ihre Musikalität bei Hofe auf. Besonders die beiden Prinzessinnen Elisabeth Petrowna und die spätere Kaiserin Katharina II. waren von den beiden Ukrainern sehr angetan. Nun erzählt die Legende von der letztgenannten Herrscherin, sie hätte alle ihre Liebhaber aus unteren Ständen später umbringen lassen. Zumindest im Falle des Hetmans Rasum stimmt das auf keinen Fall; beide Brüder bekamen nahe Verwandte des russischen Zarenhauses zu Gattinnen und waren so reich, daß sie sich auf der mehrtägigen Fahrt von Moskau nach Petersburg jede Nacht auf eigenem Grund und Boden zum Schlafe niederlegen konnten.

Einen Teil dieses ungeheueren Reichtums erbte der vierte Sohn des jüngeren Rasum, Andreas Kyrillowitsch, der 1752 zu Gluchow – etwa in der Mitte zwischen Kiew und Kursk – geboren wurde. Seine Erziehung erhielt er zu Straßburg im Elsaß, wo er unter anderem auch ein tadelloses Deutsch lernte. Mit 17 Jahren war er Kammerjunker und mit 22 bereits Generalmajor der russischen Marine. 1777 verließ er den Seedienst und wurde Diplomat. 1779 war er Gesandter in Neapel. Da er aus Liebhaberei eifrig geigte, spielte er häufig mit Berufsspielern in seinem Hotel Streichquartett, wofür er sie großzügig entlohnte.

Der nachmalig bekannt gewordene Komponist Adalbert Gyrowetz spielte dabei die Bratsche. In seiner Selbstbiographie schreibt er darüber folgendes: »Dieser Kavalier hatte aber so sonderbare Launen, daß er jeden Augenblick den ausübenden Künstlern verschiedene Ausstellungen zu machen pflegte, welches dann sehr oft in Verdrießlichkeiten ausartete; und so geschah es denn einmal, daß er auch dem Gyrowetz (er spricht von sich immer in der dritten Person) ganz unverdiente Ausstellungen machte, worüber dieser sich so beleidigt fand, daß er sein Instrument niederlegte und davon ging, ohne sich mehr um den Kavalier zu kümmern. Darüber ward dieser höchlich betroffen und erstaunt; er war wahrscheinlich in Rußland gewohnt zu sehen, daß sich alles vor ihm beugte, und seine Albernheiten ganz demütig ertragen mußte; allein der junge Deutsche war ganz anders gesinnt, und bewies, daß die Künstler in Deutschland nicht gewohnt sind, Torheiten und Launen der Großen mit Gleichgültigkeit und in Demut zu ertragen, und daß der Künstler sein Recht und seinen Wert gegen jeden zu behaupten wisse, der ihn unverschuldet zu kränken oder ohne Ursache zu demütigen versuchen wollte.« Hier rührt sich also schon jener Künstlerstolz, von dem später Beethoven und Louis Spohr weitere Beweise geben sollten.

Die Quartette bei dem russischen Gesandten werden eine Unterbrechung erfahren haben, als sein Hotel eines Tages in Brand geriet. Die Brandstifterin war vermutlich die Königin Karoline von Neapel. Sie war in Andreas Kyrillowitsch verliebt und hatte bei einer Eifersuchtsszene ihre an ihn gerichteten Briefe zurückverlangt. Der Graf wollte sich nicht dazu verstehen. Unter dem Vorwand, sich mit ihm wieder zu versöhnen, bestellte sie ihn zu sich. Währenddessen begann die Wohnung des Grafen zu brennen, und als der Brand glücklich gelöscht war, war auch die Kassette mit den Briefen verschwunden. Der Graf revanchierte sich auf einem Maskenfeste mit einer Backpfeife, die er Ihrer Hoheit verabfolgte. Woraufhin er eine Gesandtschaftsstellung im entfernten Stockholm wahrnahm.

Im Alter von 36 Jahren heiratete er eine Gräfin von Thun in Wien und wurde auf diese Weise mit den dortigen adeligen Kreisen verwandt und bekannt. Nach einem Zwischenaufenthalt in Rußland kehrte er 1791 nach Wien zurück, wo er 1797 Botschafter wurde. 1803 kaufte er 5 Eintrittskarten für jenes Konzert im Augarten, in welchem Beethoven mit dem Geiger Bridgetower die Kreutzer-Sonate uraufführte (siehe S. 62), und zwei Jahre später bestellte er bei Beethoven drei Streichquartette. Nach zwei weiteren Jahren stellte er – gleichsam als Hauskapelle – ein festes Quartett an mit dem Geiger Ignaz Schuppanzigh am ersten Pult. Die vier Kammermusiker erhielten eine Besoldung auf Lebenszeit, obwohl ihr »Dienst« bei Rasumowsky nur 8 Jahre währte.

Man könnte annehmen, daß Beethoven ein Freund des kunstsinnigen und hochherzigen Mäzens gewesen sei, bei dem verschiedene seiner Quartette zum ersten Male erklangen. Dazu ist zu bemerken, daß die

Gräfin Lulu von Thürheim, die spätere Schwägerin des Grafen, in ihren sehr ausführlichen Memoiren den Namen Beethoven überhaupt nicht erwähnt, obwohl sie von 1816 an stets im Palais ihres Schwagers wohnte. Von dem ziemlich schreibfreudigen Beethoven ist uns nur *ein* Brief an Rasumowsky erhalten; er stammt aus dem Jahre 1806 und ist ein Begleitschreiben zum zweiten Quartett op. 59 in e-Moll. Mit diesem Briefe gibt Beethoven der Hoffnung Ausdruck, daß dieses Quartett dem Grafen genau so gefallen möge wie das erste. Er bittet darum, das fällige Honorar über das Bankhaus Joseph Henickstein zu überweisen, und verspricht, das fehlende dritte Quartett (C-Dur, mit der Schluß-Fuge) baldigst zu beendigen. Von irgendwelchen freundschaftlichen Beziehungen ist keine Rede; aus dem Schreiben geht klar hervor, daß es sich um eine bestellte Arbeit handelt.
Wir haben keinen Anhaltspunkt dafür, ob Beethoven die russischen Melodien auf ausdrücklichen Wunsch des Grafen seinen Quartetten einfügte, was durchaus denkbar wäre, oder ob er dies aus freien Stücken tat, möglicherweise, um so die Anstellung des mit ihm befreundeten Schuppanzigh voranzutreiben, die dann auch bald darauf erfolgte.
Beethoven hatte die beiden in Frage kommenden russischen Themen einer Volkslieder-Sammlung entnommen, die ein gebürtiger Schlesier oder Tscheche, Iwan Pratsch (eigentlich Johann Gottfried), 1790 in Petersburg herausgegeben hatte. Sie hieß: »Sammlung russischer Volkslieder mit ihren Melodien.« Man darf hier beileibe nicht an eine wissenschaftliche Herausgabe alten Volksliedguts denken, sondern an

eine lockere Aneinanderreihung von Gesangsweisen, wie sie in den Musikzimmern der großstädtischen Bevölkerung gang und gäbe waren.
In dem seinerzeit viel gelesenen Buche »Beethoven« von Paul Bekker (1913), in dem von der »poetischen Idee« die Rede ist, wird das russische Thema des F-Dur-Quartetts als »rüstig heiter, von behaglich derbem Humor erfüllt« bezeichnet. In Pratschs Lieder-Sammlung heißt das Lied »Der Rekruten Heimkehr«, hat als Tempo-Vorschrift »Andante sostenuto« und folgende Verszeilen:

Ach, mein Leiden, ach mein Leiden schwer,
Ach, wo rührt mein herbes Mißgeschick wohl her?
Wohl von jenem unglücksel'gen Stern?
Aufgegangen bist du hoch, mein Unglücksstern.
Höher als der helle Vollmond strahlt,
Hast verdunkelt mir der goldnen Sonne Licht.
Draußen weit im Felde steht ein hohes Haus,
An des Hauses Fenster die Bojarin sitzt:
Vor ihr steht der Sohn, ein Jüngling noch,
Aber alt die Züge, blaß die Wangen, grau das Haar.
Und zum Sohne spricht die Mutter, weint und spricht:
»Mein geliebter Sohn, mein trautes Kind,
Sag welch' Leiden hat dich alt gemacht,
Daß ich welk und gramgebeugt dich vor mir seh?
Haben Sorg' und Leid um Weib und Kind
Oder böse Krankheit dir das Haar gebleicht?«
»Teure Mutter, nicht mein Weib und Kind,
Keine Krankheit hat so früh mich alt gemacht.
Nein, die Sehnsucht nach der Heimat war's
Und die lange Trennung von den Lieben mein,
Der verhaßte Dienst im fremden Land
Für den gnäd'gen Kaiser, unsren Gossudar!«

»Heiter, von behaglich derbem Humor erfüllt«?
Mit dem zweiten russischen Thema ist Paul Bekker ähnlich hereingefallen:

Dieses »frohsinnige Tanzlied«, wie es Bekker bezeichnet, erweist sich in Pratschs Lieder-Sammlung als eine Hymne, in der das Wort »Wlada« (= Heil) eine beherrschende Rolle spielt; merkwürdigerweise wurde diese Weise im alten Rußland auch als Weihnachtslied gesungen. Es kommt in der russischen Kunstmusik mehrfach vor: so in der Krönungs-Szene des »Boris Godunow« von Modeste Mussorgsky, in der Kantate »Slawa« und der Oper »Die Zarenbraut«, beide von Nikolai A. Rimsky-Korsakow. Der Text zu dieser Melodie erinnert an den Schluß der Oper »Der Barbier von Bagdad« von Peter Cornelius, wenn zum Ruhm des Herrschers Verszeilen gesungen werden wie diese:

> Preis und Ruhm unserm Herrscher, dem Herrn unseres Landes Heil!
> Möge ihn nie die Schwäche des Alters beschleichen! Heil!
> Möge ihm nie der Glanz seines Purpurs verbleichen! Heil!
> Wer ihm dienet, dess' Treue soll nimmermehr wanken! Heil!
> Seine tüchtigen Rosse soll Unfall nicht treffen! Heil! usw. usw.

Wenn man von der holprigen Übersetzung aus dem Russischen einmal absieht, eine frohsinnige Tanzweise ist es auf keinen Fall.

Nun hat Beethoven natürlich nur die Original-Ausgabe mit den russischen Versen vorgelegen, die möglicherweise Graf Rasumowsky, der im Erscheinungsjahr der Volkslieder-Sammlung von Pratsch gerade in Rußland war, aus Petersburg mitbrachte. Natürlich konnte Beethoven den in kyrillischen Lettern vorliegenden Text weder lesen noch übersetzen; auch nicht die Tempovorschrift des zuerst verwendeten Liedes »Andante sostenuto«. Dieses wurde bei ihm zu einem fröhlichen Allegro, und es ist wohl nicht zuviel behauptet, wenn man sagt, Beethoven habe an dem Charakter jenes Volksliedes vollkommen vorbeikomponiert. Im allgemeinen sind russische Landsleute ziemlich ungehalten, wenn man ihre Volksweisen verfälscht; dem Grafen Rasumowsky war das aber vollkommen gleichgültig, denn aus Beethovens Brief an ihn geht klar hervor, daß ihm das Quartett samt dem mißverstandenen »Thème russe« sehr gut gefallen haben muß.

Ludwig van Beethoven

VIOLINKONZERT

in D-Dur op. 61

Im August des Jahres 1808 erschien im »Bureau des arts et d'industrie« zu Wien: »Concerto / pour le Pianoforte(!) / avec accompagnement de grand Orchestre / arrangé d'après son Ier Concerto de Violon / et Dédié / à Madame de Breuning / par / Louis van Beethoven / Oeuvre 61 ...«

Dieses *Klavier*konzert war also eine Umarbeitung des jedem Musikliebhaber bekannten *Violin*konzerts in D-Dur, das zwar bereits am 23. Dezember 1806 uraufgeführt worden war, aber erst gleichzeitig mit (es wird sogar behauptet *nach)* der Veröffentlichung der Umarbeitung im Druck herauskam. Eine immerhin erstaunliche Tatsache, und man fragt sich, was wohl Beethoven dazu bewog, sein nachmals so berühmt gewordenes Werk in jener recht unglücklichen Fassung für Klavier und Orchester im Druck erscheinen zu lassen.

Der Titel des *Violin*konzerts im gleichen Verlag weist eine Widmung an *Stephan* von Breuning auf, Beethovens alten Jugendfreund. Die in der Anzeige des Klavierkonzerts aufgeführte »Madame de Breuning« war die Tochter des Arztes, der Beethoven zur Zeit seiner beginnenden Ertaubung behandelt hatte, und die Gattin Stephan von Breunings. Dieser war damals »Secrétaire Aulique au service de Sa Majesté l'Empereur d'Autriche«, Mitglied des Deutschen Ordens und Hofrats-Assessor. Seine Mutter, die verwitwete Hofrätin Helene von Breuning, hatte schon in Bonn den jungen Beethoven liebevoll betreut. Die Stunden im Breuningschen Hause waren für den in ärmlichen Verhältnissen aufwachsenden Knaben Lichtblicke, die er auch in späteren Jahren nicht vergaß. Trotz eines temperamentvollen Zerwürfnisses wegen einer an sich nichtigen Mietangelegenheit, blieben Beethoven und Stephan von Breuning in Wien gute Freunde.

Diesem Jugendfreund, dessen lauterer Charakter außer Zweifel steht, widmete also Beethoven kurz nach jener Meinungsverschiedenheit und der darauf folgenden Aussöhnung sein Violinkonzert. Nun spielte zwar Stephan von Breuning Violine – er hatte gemeinsam mit Beethoven bei dem besten Geiger, über den der kurfürstliche Hof in Bonn verfügte, Franz Ries, studiert –, aber die technisch außerordentlich schwierige Solostimme des ihm gewidmeten Konzerts konnte er sicherlich nicht bewältigen.

Auf der Titelseite der Urschrift Beethovens aus dem Jahre 1806 ist denn auch der Name Stephan von Breunings nicht zu finden; da steht vielmehr von Beethovens Hand Folgendes: »Concerto par Clemenza pour Clement, primo Violino / e direttore al theatro a vienna / Dal L. v. Bthvn 1806.« Clemenza

pour Clement – das ist eines der von Beethoven so geliebten Wortspiele. Clemenza heißt: Gnade, und Franz Clement war Konzertmeister und Orchester-Direktor des Theaters an der Wien.
Franz Clement war eine der eigenartigsten Persönlichkeiten Wiens zur Zeit Haydns und Beethovens. Er war 14 Jahre jünger als Beethoven und ließ sich schon als fünfjähriger Bub auf einer sogenannten Diminutiv-Violine im k. k. Hofburgtheater »zur allgemeinen Bewunderung« hören. Er studierte bei dem berühmten Virtuosen Giornovichi (Jarnovich), spielte mit Bridgetower in London (siehe S. 63) und wirkte bei den Festkonzerten anläßlich der Doktor-Promotion Haydns in Oxford mit. 1802 übernahm der nunmehr 26jährige Clement die Stelle eines Orchester-Direktors am Theater an der Wien, in dem Beethovens »Fidelio« uraufgeführt wurde.
In diesem Theater gab Franz Clement jedes Jahr »zu seinem eigenen Vortheil« ein Benefizkonzert. Für den 23. Dezember 1806 hatte er sich von Beethoven dafür ein Violinkonzert erbeten. Beethoven sagte zu, wahrscheinlich aus Dankbarkeit, denn bei der Umarbeitung des »Fidelio« hatte Clement, als die Fürstin Lichnowsky die ganze Oper am Klavier spielte, ohne Noten in einer Ecke gesessen und die ganze Oper hindurch alle Instrumental-Soli der Partitur auswendig auf der Geige gespielt. Er verfügte über ein phänomenales Gedächtnis.
Beethoven schrieb sein Violinkonzert in einer für ihn ungewöhnlich kurzen Zeit und vollendete es zwei Tage vor dem vorgesehenen Konzert-Termin. Mithin war bis zur Uraufführung keine Zeit mehr, um eine saubere Kopie der Solostimme schreiben zu lassen

und Proben abzuhalten. Clement muß das schwierige Werk aus Beethovens Handschrift vom Blatt gespielt haben. Nur ein ausübender Geiger kann ermessen, was diese Leistung bedeutet. Die Wiener Theater Zeitung urteilte über diese denkwürdige Uraufführung:

»Der vortreffliche Violinspieler Klement spielte ... ein Violinkonzert von Beethofen, das seiner Originalität und mannigfaltigen schönen Stellen wegen mit ausnehmenden Beifall aufgenommen wurde. Man empfieng besonders Klements bewährte Kunst und Anmuth, seine Stärke und Sicherheit auf der Violin, die sein Sklave ist, mit lärmendem Bravo.«

Wie viele überdimensional begabte Naturen konnte sich Clement, »dieser kleine cynische Sonderling von gedrungener Gestalt mit eingezogenem Hals, sommers wie winters in leichtem Röckchen und stets vernachlässigt«, mit seiner Umwelt nicht abfinden. Kostbare Violinen, die ihm sein Bewunderer, Kaiser Alexander von Rußland, geschenkt hatte, verhökerte er an den ersten besten Geigenhändler. Eine haltlose Lebensführung ließ dieses Genie in Armut und Elend verkommen. Er starb als 58jähriger in Wien.

Beethoven hatte sein Violin-Konzert auf die Technik Clements zugeschnitten; möglicherweise hat dieser auch die geigentechnische Ausgestaltung des Soloparts beeinflußt. Clement spielte nämlich mit einem kurzen Violinbogen alt-italienischer Schule und beherrschte besonders die höchsten Lagen – alles Dinge, die zu seiner Zeit ungebräuchlich waren und der Verbreitung des Werks anfangs im Wege standen.

Schon nach der Uraufführung ließ die Bewertung der Komposition selbst durch die Kritik zu wünschen

übrig. So schrieb die schon zitierte Wiener Theater Zeitung:
»Über Beethofens Concert ist das Urtheil von Kennern ungetheilt; es gesteht demselben manche Schönheit zu, bekennt aber, daß der Zusammenhang oft ganz zerrissen scheine, und daß die unendlichen Wiederholungen einiger gemeinen Stellen leicht ermüden könnten«.
Zu Beethovens Zeiten kam es nur zu einer einzigen weiteren Aufführung und zwar durch den Geiger Luigi Tomasini den Jüngeren aus Esterhaz, der es 1812 in Berlin spielte. Ein Jahr nach Beethovens Tod brachte es Pierre François Baillot in Paris; 1833 erklang es noch einmal in Wien mit Henri Vieuxtemps als Solisten, und 1836 und 41 gelangte es im Leipziger Gewandhaus durch unbedeutendere Geiger zur Aufführung. Hier hörte es Robert Schumann zum ersten Male. Überall fand es beim Publikum nur eine kühle Aufnahme; das Werk sprach einfach nicht an. Selbst als der 13jährige Joseph Joachim es mit Felix Mendelssohn als Dirigenten in London spielte, blieb es beim Achtungserfolg. Aber Joachim ließ nicht locker: im Dezember 1852 führte er es in Berlin auf. Er war von dem musikalischen Wert dieses »Konzertes aller Konzerte« tief überzeugt und führte es 1853 beim Niederrheinischen Musikfest gemeinsam mit Robert Schumann endlich zum Siege.
Bereits 1841 hatte Schumann über Beethovens op. 61 geschrieben: »Die Komposition gehört zu Beethovens schönsten und ist, was Erfindung anlangt, wohl in gleichem Range mit seinen früheren Symphonien zu stellen.«

Franz Schubert

DIE GESCHICHTE DREIER STÄNDCHEN

Es sind insgesamt drei Ständchen, die Schubert uns schenkte, und alle drei haben eine nicht alltägliche Geschichte. Zwei davon gehören zu den meistgesungenen Liedern, eines jedoch wird wegen seiner ungewöhnlichen Besetzung (Alt- bzw. Sopran-Solo, Frauen- bzw. Männer-Chor und Klavier) wenig aufgeführt, obwohl es zu Schuberts zauberhaftesten Werken gehört.

Da über Ständchen recht unklare Vorstellungen umgehen, sei zunächst einmal angemerkt, daß ein Ständchen eine Huldigungsmusik ist, die im Freien dargebracht wird. Nun ist in einschlägigen Werken nachzulesen, daß eine Serenata oder Serenade nachts stattzufinden hat, während ein Ständchen zu allen Tageszeiten gebracht werden kann. Sereno heißt klar, freundlich, heiter und hat mit der Nacht gar nichts zu tun, sonst hätte Mozart seine Serenade für zwei Streichorchester und Pauken nicht »Serenata notturna« zu nennen brauchen. Serenata bedeutet nichts weiter als heitere, unproblematische Musik, die allerdings auch nur bei heiterem klarem Wetter gespielt werden kann; im strömenden Regen ist mit einem Streichinstrument beispielsweise keine große Ehre einzulegen. Musikalische Normalverbraucher unterscheiden auch gar nicht so streng zwischen Serenade und Ständchen, für sie kommt beides auf das Gleiche hinaus. Allerdings meinen viele – und dazu haben die Bilder von Carl Spitzweg wohl mit beigetragen –, Ständchen hätten abends oder nachts stattzufinden. Es gibt aber auch Morgen-Ständchen; die Franzosen haben sogar ein besonderes Wort dafür: »aubade«. Schon die alten Trouvères hatten ihre Tagelieder, und wenn man an den »Barbier von Sevilla« von Rossini denkt, so kann doch ein Ständchen, das mit den Worten anhebt: »Sieh', schon der Glanz der Morgenröte...« nur kurz vor Sonnenaufgang gesungen werden.

Ein weiteres Beispiel einer morgendlichen Huldigungs-Musik findet sich im zweiten Akt des Schauspiels »Cymbeline« von Shakespeare. Cloten, der schurkische Sohn der Königin, hat die Nacht mit Glücksspiel totgeschlagen und findet sich mit Gefolge vor den Gemächern der Königstochter Imogen ein. Er will die junge Ehefrau bezirzen und hält Musik für ein geeignetes Mittel. Er fragt seine Leute: »Nicht wahr, es ist fast Morgen?« Ein Lord: »Schon Tag, gnädiger Herr.« Cloten: »So wollt' ich, daß die Musik käme; sie haben mir geraten, ihr des Morgens Musik zu bringen; sie sagen, das würde durchdringen (penetrate).« Dann kommen die Musikanten und stimmen an:

> Horch! Lerch' am Himmelsthor singt hell,
> Und Phöbus steigt herauf,
> Sein Roßgespann trinkt süßen Quell
> Von Blumenkelchen auf;
> Die Ringelblum' erwacht aus Traum,
> Thut güldne Äuglein auf;

Lacht jede Blüt' im grünen Raum,
Drum holdes Kind, steh auf;
Steh auf, steh auf!

Diese Verse erinnern an das Ständchen des Fenton in Nicolais Oper »Die lustigen Weiber von Windsor« und an dieses Ständchen von Franz Schubert:

Es darf nicht überraschen, daß der Text bei Schubert nicht mit dem von Schlegel-Tieck übereinstimmt. Als Schubert das Ständchen vertonte, gab es die Übersetzung von Schlegel-Tieck noch gar nicht.

Wie es zu dieser Komposition kam, darüber gibt es zwei völlig verschiedene Darstellungen. Die eine stammt von einem Manne, der Schuberts Leben ziemlich von Anfang an verfolgen konnte; er heißt Josef Doppler, war Buchhalter in einer Musikalien-Handlung Wiens und erzählt:

»Schubert soll dieses Lied im Währinger Gasthaus ›Zum Biersack‹ komponiert haben.« (Tatsächlich hat Schubert den Sommer 1826 in Währing verbracht.) »Eines Sonntags hatte er einen Ausflug nach Plötzleinsdorf gemacht, und als er auf dem Heimweg nach Währing seinen Freund Tieze, der eine schöne Tenorstimme hatte, sitzen sah und zwar in dem Gasthaus ›Zum Biersack‹, wurde sogleich eingekehrt. Tieze hatte in einem Buch gelesen und Schubert begann sofort darin zu blättern. Plötzlich hielt er inne, zeigt

Moritz von Schwind: Schubert, Lachner, Schwind und Vogl bei einem Neubau-Ständchen. (Aus der sog. »Lachner-Rolle«.)

auf ein darin vorkommendes Gedicht und sagt: ›Mir fällt da eine schöne Melodie ein, hätte ich nur Notenpapier bei mir!‹ Doppler zog daraufhin auf der Rückseite einer Speisenkarte die Notenlinien und alsobald entstand inmitten des durch Harfenisten, Kegelschieber und hin- und her eilende Kellner verursachten echten Sonntagsrummels das Ständchen aus Cymbeline.«

Es gibt aber noch eine ganz andere Version über die

Entstehung dieses Liedes, und diese dreht sich um Schuberts Freund, den Maler Moritz von Schwind, der damals in dem sogenannten »Mondscheinhause« auf der Wieden wohnte. Eines Tages will Schubert seinen Maler-Freund zu einem Spaziergang abholen. Schwind steht vor seiner Staffelei und will sich durchaus nicht von seiner Arbeit trennen. Er verfällt auf folgende List, um seinen Freund von dem geplanten Spaziergang abzubringen. Auf einem Blatt Zeichenpapier zieht er schnell eine Reihe von Notenlinien und legt dieses nebst einem Band Shakespeare vor Schubert auf den Tisch. Während Schwind sich wieder seiner Staffelei zuwendet, blättert Schubert im Shakespeare, findet die Verszeilen aus Cymbeline, und schon eilt sein Stift über die Linien und malt Notenköpfe: das Ständchen!
Rührendes Zeichen freundschaftlicher Verehrung: Schwind äußerte später einmal, diese seine Notenlinien seien das Wertvollste, was seine Hand je gezeichnet.

Dieses zweite Ständchen hat Franz Grillparzer zum Verfasser. Seltsamerweise hat Schubert nur zwei Gedichte des Dichters vertont: dieses »Ständchen« und

»Berthas Lied in der Nacht«. Dabei haben sich beide in dem Jahr, in welchem das Ständchen geschrieben wurde, fast täglich getroffen und zwar in *dem* Hause, das Schuberts Ruhm, in Gestalt eines außerordentlich bühnenwirksamen Singspiels, 86 Jahre später noch einmal über die ganze Welt tragen sollte: im Dreimäderlhaus. Dieses Haus hat es tatsächlich gegeben, allerdings mit einer Menge Abweichungen: Erstens war es kein Drei-, sondern ein Viermäderlhaus, denn es waren vier Schwestern, die darin wohnten. Zweitens stand es nicht in der Mölkerbastei, sondern in der Singerstraße, nächst dem Dom. Drittens war der Vater der vier nicht der Glasermeister Tschöll, sondern ein adliger Fabrikant, namens Fröhlich. Katherina, die anmutigste der vier, war die »ewige Braut« von Franz Grillparzer; Betty war Malerin und Gehilfin des Malers Moritz Daffinger, Josefine, im Familienkreise Pepi genannt, war Opern- und Konzertsängerin und brachte es bis zur dänischen Kammersängerin; Maria Anna war Professor für Gesang am neugegründeten Wiener Konservatorium.

Unter ihren Lieblingsschülerinnen war ein Fräulein Louise Gosmar, die spätere Gattin von Leopold Sonnleithner. Dieser war es gewesen, der Schubert in das Haus der Schwestern Fröhlich eingeführt hatte, und seiner Initiative war es zu danken, daß der »Erlkönig« als erste gedruckte Komposition Schuberts erscheinen konnte. Die Geschichte, wie es zu Grillparzers »Ständchen« kam, erzählte Anna Fröhlich dem Freunde Beethovens, Gerhard von Breuning, mit folgenden Worten:

»So oft ein Namens- oder Geburtstag der Gosmar, der späteren Frau L. Sonnleithner, nahe war, bin ich

allemal zu Grillparzer gegangen und habe ihn gebeten, etwas zu der Gelegenheit zu machen, und so habe ich es auch mal wieder getan, als ihr Geburtstag bevorstand. Ich sagte ihm: ›Sie, lieber Grillparzer, ich kann Ihnen nicht helfen, Sie sollten mir doch ein Gedicht machen für den Geburtstag der Gosmar.‹ Er antwortete: ›No ja, wenn mir was einfällt.‹ In ein paar Tagen gab er mir das Ständchen: ›Leise klopf' ich mit gekrümmtem Finger...‹ Und wie dann bald der Schubert zu uns gekommen ist, habe ich ihm gesagt: ›Sie, Schubert, Sie müssen mir das in Musik setzen.‹ Er: ›Nun geb'n Sie's einmal her.‹ Ans Klavier gelehnt, es wiederholt durchlesend, rief er ein über das andremal aus: ›Aber, wie das schön ist – das ist schön!‹ Er sah so eine Weile auf das Blatt und sagte endlich: ›So, es ist schon fertig, ich hab's schon.‹ Und wirklich, schon am dritten Tage hat er mir es fertig gebracht, und zwar für einen Mezzo-Sopran (für die Pepi nämlich) und für vier Männerstimmen. Da sagte ich ihm: ›Nein, Schubert, so kann ich es nicht brauchen, denn es soll eine Ovation lediglich von Freundinnen der Gosmar sein. Sie müssen mir den Chor für Frauenstimmen machen.‹ Ich weiß es noch ganz gut, wie ich ihm das sagte; er saß da im Fenster. Bald brachte er es mir dann für die Stimme der Pepi und den Frauenchor, wie es jetzt ist...
Wie wenig unser guter Schubert aber auf seine Sachen achtete und wie man sich nie auf sein Versprechen, zu kommen, verlassen konnte, können Sie gleich ersehen, wie er sich bei dem ›Ständchen‹ benommen; denn wenn er einem auch eben zugesagt hatte, zur bestimmten Zeit einzutreffen, brauchte er nur jemandem unterdessen begegnet zu sein, und er ging, alles

vergessend, auf dessen Aufforderung mit diesem oder in ein Kaffeehaus oder dergleichen. So war es bei den ersten Aufführungen seines ›Ständchens‹. Ich hatte meine Schülerinnen in drei Wagen nach Döbling, wo die Gosmar im Langschen Hause wohnte, geführt, das Klavier heimlich unter ihr Gartenfenster tragen lassen und Schubert eingeladen. Er war aber nicht gekommen. Andern Tags, als ich ihn fragte, warum er ausgeblieben, entschuldigte er sich: ›Ach ja, ich habe ganz darauf vergessen.‹ Dann habe ich das ›Ständchen‹ im Musikvereinssaale (Tuchlauben) öffentlich aufgeführt und ihn, nachdrücklich wiederholend, dazu eingeladen. Wir sollten schon beginnen und noch immer sah ich unsern Schubert nicht. Jenger und der später erzherzogliche Hofrat Walcher waren anwesend. Als ich nun zu diesem sagte, daß es mir doch gar zu leid täte, wenn er auch heute es nicht hören sollte; denn er hat es ja noch gar nicht gehört; wer weiß, wo er wieder steckt... hatte Walcher die gute Idee: Vielleicht ist er bei Wamer ›Zur Eiche‹ auf der Brandstätte; denn dorthin gingen zur Zeit die Musiker gerne wegen des guten Bieres. Richtig saß er dort und kam mit ihm. Nach der Aufführung aber war er ganz verklärt und sagte zu mir: ›Wahrhaftig, ich habe nicht gedacht, daß es so schön wäre...‹«

Schubert reihte dieses Ständchen in die Programmfolge des einzigen Konzertes ein, das er in seinem Leben mit eigenen Kompositionen gegeben hat, am 26. März 1828 – ein halbes Jahr vor seinem Tode.

Das dritte Ständchen Schuberts steht in jener Lieder-Sammlung, die der Verleger Tobias Haslinger nach

Schuberts Tod unter dem Titel »Schwanengesang« herausgab. Der Dichter ist diesmal der Berliner Schriftsteller und Musikkritiker Heinrich Friedrich Ludwig Rellstab. 1825 besuchte er den von ihm schwärmerisch verehrten Beethoven mit dem ehrgeizigen Plan, für diesen ein Opernbuch zu schreiben. Der damals leidende Beethoven ließ geduldig alles über sich ergehen, was der junge Mann ihm da vortrug. Er wendete nur immer wieder ein, wie schwer es sei, mit ihm, Beethoven, zusammenzuarbeiten und auszukommen. Als Rellstab einsah, daß es unmöglich sei, den Kranken zu einer bindenden Zusage zu bewegen, ließ er ihm sieben Gedichte übermitteln, die er sauber auf einzelne Blätter geschrieben hatte. Auf verschiedene soll Beethoven Zeichen gemacht haben, die darauf schließen lassen, daß er eine Vertonung beabsichtigte; jedoch es blieb dabei.

Nach Beethovens Tod übergab sein Famulus Anton Schindler die sieben Gedichte Franz Schubert, eine der gescheitesten Handlungen, die dieser eigenartige Herr aus Beethovens engster Umgebung je vorgenommen hat, denn Schubert setzte alle sieben Gedichte sogleich in Musik. Sie leiten den Zyklus »Schwanengesang« ein; das Ständchen ist davon das vierte und eine der beliebtesten Lied-Melodien von Schubert geworden.

ZU: BILDER EINER AUSSTELLUNG VON
MODESTE MUSSORGSKY

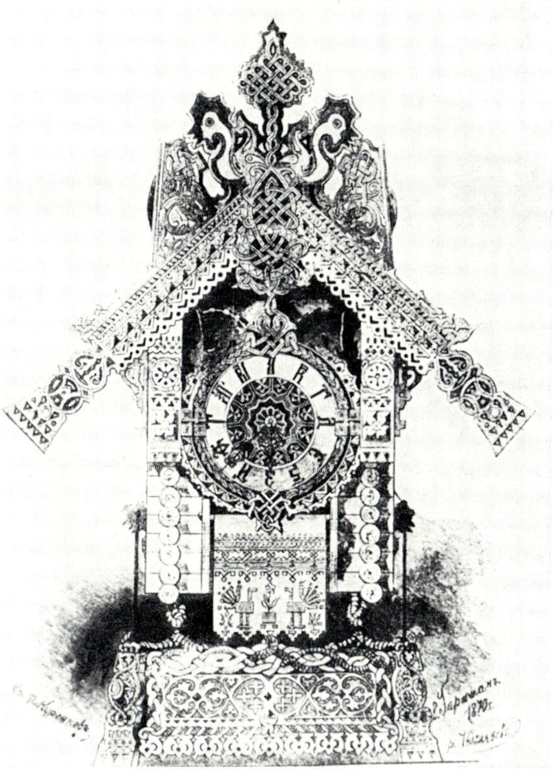

Die Hütte der Baba-Yaga

ZU: BILDER EINER AUSSTELLUNG VON MODESTE MUSSORGSKY

Ballett der Küchlein in ihren Eierschalen
(Skizze zu einem Ballett)

DIE F·A·E·SONATE

Vielen wird weder der Titel noch das Notenbild bekannt sein, obwohl es sich um ein Kuriosum aus dem vorigen Jahrhundert handelt, das wegen der damit verbundenen Namen wohl einzigartig zu nennen ist. Die drei Noten, die die Geige zu spielen hat, heißen: F-A-E und haben dem Ganzen den Namen gegeben. Es handelt sich dabei nicht um eine x-beliebige Tonfolge, sondern um die Anfangsbuchstaben eines Wahlspruches, der lautet: »Frei, aber einsam.« Der bis heute unvergessene Geiger und Komponist Joseph Joachim hatte sich diese Devise ausgedacht. Seine Freunde wußten das natürlich, und dieser Umstand war die Veranlassung zu folgender Geschichte:

Düsseldorf am Rhein 1853. Es war das Jahr, in dem die Gartenlaube erstmals erschien und Victor von Scheffel seinen Trompeter von Säckingen schrieb. Für den Komponisten Robert Schumann wurde es das Schicksalsjahr; zum letzten Male feierte er seinen Geburtstag und das Weihnachtsfest im Kreise seiner Familie und zum letzten Mal dirigierte er das ihm anvertraute Orchester in Düsseldorf. Sein vorletztes

Auftreten war das 34. Niederrheinische Musikfest. Die musikbegeisterten Rheinländer hörten damals zum ersten Male das Violinkonzert von Beethoven in der meisterlichen Wiedergabe durch Joseph Joachim. Zwischen dem großen Geiger und dem klugen, meist schweigsamen Schumann erwuchs sofort eine innige Freundschaft.

Im Oktober des Jahres kam ein zwanzigjähriger Musiker aus Hamburg nach Düsseldorf. Er hatte einen Packen eigener Kompositionen bei sich, war Schumann durch Joachim empfohlen worden und wurde im Schumannschen Hause gastfreundlich aufgenommen. Er spielte dem Ehepaar seine Werke vor, und Robert Schumann war von der schöpferischen Begabung seines neuen jungen Freundes derart begeistert, daß er bereits 10 Tage nach der ersten Begegnung jenen berühmt gewordenen Artikel in der »Neuen Zeitschrift« verfaßte, den er »Neue Bahnen« überschrieb. Der »starke Streiter auf dem Felde der Tonkunst« hieß Johannes Brahms. Im gleichen Monat besuchte Joseph Joachim die Schumannsche Familie, wohl auch um sich zu überzeugen, wieweit Schumann an seinem jungen Schützling Gefallen gefunden, in erster Linie aber, um mit dem Komponisten über die Uraufführung der Schumannschen Phantasie für Geige und Orchester zu sprechen, die in 14 Tagen im Abonnementskonzert stattfinden sollte. Für dieses neuerliche baldige Wiedersehen hatte sich Schumann »in heiterster Laune« etwas Besonderes ausgedacht: ein »Quiz« für Joachim; Brahms, Albert Dietrich und er selbst wollten gemeinsam eine Violin-Sonate schreiben, die Joachim bei einem geselligen Beisammensein vom Blatt spie-

len sollte, um dann nach jedem Satze den Komponisten zu erraten.
Dem ernsthaften Musikfreund mag solch ein Vorhaben etwas absonderlich vorkommen; er ist gewohnt, in einem mehrsätzigen Kammermusikwerk ein unteilbares Ganzes zu sehn; mit diesem Gedanken haben es jedoch die Wiener Klassiker selbst nicht allzu genau genommen, und auf diesen Seiten ist mehrfach davon die Rede, wie oft gegen solche angebliche Einheitlichkeit gesündigt wurde (Kreutzer-Sonate, Waldstein-Sonate, Streichquartett op. 130 in B-Dur). Die Idee, ein mehrteiliges Kunstwerk von verschiedenen schöpferischen Persönlichkeiten schreiben zu lassen, ist keineswegs abwegig oder gar neu. In der Geschichte der Oper kennt man solche »teamwork«-Erzeugnisse unter dem Namen »Pasticcio« = Pastetchen. Kein Geringerer als Händel hat in London solche Musik-Pastetchen backen müssen. 1721 schrieb Händel nur den dritten Akt der Oper »Muzio Scevola«; den ersten hatte der Violoncellist F. Amadei, den zweiten Händels bedeutender Nebenbuhler Giovanni Battista Bononcini geschrieben.
Schumanns Plan wurde tatsächlich ausgeführt. Den ersten Satz schrieb Albert Dietrich. Da sein Wirken und Schaffen heute vergessen ist, soll über diesen tüchtigen und verdienstvollen Musiker das Nötigste mitgeteilt werden. Er wurde in einem Forsthaus in der Nähe von Meißen geboren, hatte in Leipzig bei Julius Rietz und Ignaz Moscheles Musik studiert und war 1851 zu Schumann gekommen, den er geradezu schwärmerisch verehrte. Er galt allgemein als sein Schüler; doch hat dieser die selbständigen Arbeiten Dietrichs lediglich mit »liebevollem Interesse sorg-

fältig geprüft«; Schumanns Äußerungen bei solchen Gelegenheiten wußte Dietrich aufmerksam zu werten und wurde auf diese unakademische Art außerordentlich gefördert. Schumann hat den ihm ergebenen jungen Freund sehr geschätzt; er widmete ihm die »Märchenerzählungen« für Viola, Klarinette und Klavier op. 132. Dietrich erwies sich in den qualvollen Tagen, in denen die Geisteskrankheit Schumanns ausbrach, als zuverlässiger Helfer und Freund. Später finden wir ihn als Kapellmeister und Musikdirektor in Bonn und Oldenburg; seine Werke erklangen damals häufig in den deutschen Konzertsälen, besonders eine Symphonie in d-Moll.

Der erste Satz unserer Sonate aus der Feder Dietrichs weist eine schwungvolle Tonsprache auf, eine vollkommene Beherrschung der Form und eine geistreiche Verarbeitung des oben im Notenbeispiel aufgezeigten Themas: F-A-E. Das Einzige, was der heutige Musikliebhaber daran auszusetzen hätte, wäre eine gewisse Redseligkeit, eine gewisse Breite, die in unseren Tagen nicht mehr geschätzt wird, in jener Zeit aber zu den charakteristischen Merkmalen größer angelegter Werke gehörte.

Der zweite Satz, ein Intermezzo, stammt von Schumann. Es ist eine schlichte, liebliche Liedweise, die hier angestimmt wird, und sie birgt nicht das mindeste Problem. Die Melodie bedient sich hier gleich zu Anfang des F-A-E-Motivs.

Der dritte Satz, mit Allegro überschrieben, erweist sich als ein Scherzo. Merkwürdigerweise benutzt hier Brahms das F-A-E-Motiv überhaupt nicht, sondern zitiert lediglich Motive aus Dietrichs erstem Satz. Vermutlich sollte Joachim irregeführt werden, als der

Komponist den Satz zeichnete mit: Joh. Kreisler-Düsseldorf i. Okt. 53. Das Scherzo ist aber derart typisch für den Frühstil Brahms', daß Joachim beim Erraten des Komponisten kaum nachzudenken brauchte. Der vierte Satz stammt wiederum von Schu-

mann, und hier geriet er leider in den technisch widerborstigen Stil seiner späten Violinkompositionen wie der von Joachim uraufgeführten »Phantasie mit Orchester« op. 131.
Letztere führte also Joseph Joachim am 27. Oktober 1853, mit Robert Schumann am Dirigentenpult, auf. Es war das letzte Konzert, das der unglückliche Schumann dirigieren sollte. Zwei Tage später wurde in der Schumannschen Wohnung eine Soirée veranstaltet. Unter den Gästen befand sich auch Bettina von

Arnim mit ihrer Tochter Gisela. Diese junge Dame hatte man als Bäuerin verkleidet, wohl wissend, daß Joachim für die Reize des anmutigen Mädchens nicht unempfindlich war. Es überreichte ihm einen Blumenkorb, auf dessen Boden, unter Blättern und Blüten verborgen, das Manuskript der Sonate lag. Das Titelblatt zeigte in großen Lettern die Buchstaben F A E. Dann folgte von Schumanns Hand: »In Erwartung des verehrten und geliebten Freundes Joseph Joachim schrieben diese Sonate: Robert Schumann, Johannes Brahms, Albert Dietrich.« Dann griff Joachim zur Geige und spielte mit Clara Schumann die Sonate vom Blatt. Natürlich erriet er zum Jubel der Anwesenden jeweils den Urheber eines jeden Satzes.

Man sollte nun meinen, ein Stück mit solch einer hübschen und originellen Entstehungsgeschichte müsse das Interesse der Musikkenner und Sonatenspieler in ganz besonderem Maße fesseln. Weit gefehlt! Der erste, der diesem mixtum compositum nicht recht traute, war Schumann selbst! Noch im gleichen Monat ersetzte er die zwei von Brahms und Dietrich komponierten Sätze durch zwei eigene, und so entstand als eines seiner letzten Werke eine dritte Violin-Sonate in a-Moll. Die zwei nachkomponierten Sätze galten lange als verschollen, bis O. W. Neighbour sie in der Bibliothek des Conservatoire de Musique zu Paris aufstöberte und das Ganze 1956 gedruckt erscheinen ließ.

Aber auch die F-A-E-Sonate, deren Autograph die frühere Preußische Staatsbibliothek aus dem Nachlaß Joachims erworben hatte, schlummerte dortselbst bis in dieses Jahrhundert hinein. 1906 gestattete die Deutsche Brahms-Gesellschaft, daß wenigstens der

von Brahms stammende Satz veröffentlicht werden konnte. Dann dauerte es bis 1935, bis Erich Valentin und Otto Kobin das Ganze erstmalig gedruckt erscheinen ließen. Im Schumann-Jahr 1953 wurde die Sonate neu aufgelegt und steht heute im Musikalienhandel jedem Liebhaber zur Verfügung.
Auch Erich Valentin macht in seinen einleitenden Worten darauf aufmerksam, daß Brahms die Tonfolge F A E in seinem Scherzo nicht verwendete. Dafür taucht sie in anderen Werken Brahms' zweimal auf: erstens im Finale der Klavier-Sonate f-Moll op. 5 und zum andern im ersten Satz des Streichquartetts a-Moll op. 51 Nr. 2.
Die beiden Herausgeber widmeten die F-A-E-Sonate Hans Pfitzner, der ein großer Verehrer Schumanns war. So rankt sich um eines der merkwürdigsten Tondenkmäler, das uns die Musikgeschichte des vorigen Jahrhunderts bescherte, ein Kranz berühmter Namen: Robert Schumann, Johannes Brahms, E. T. A. Hoffmann, Albert Dietrich, Joseph Joachim und Hans Pfitzner.

Johann Strauß (Sohn)

AN DER SCHÖNEN BLAUEN DONAU

Ein verspäteter Erfolg

Es wird Ihnen, verehrter Leser, wahrscheinlich überflüssig erscheinen, über einen so bekannten Walzer noch etwas mitzuteilen. Für die Verehrer des genialen Wiener Sohnes ist die »Schöne blaue Donau« *der* Walzer schlechthin. Aber auch diese »unsterblichen« Walzerweisen haben ein merkwürdiges Schicksal gehabt, bis sie Weltruhm erlangten. Das Verdienst daran gebührt – den Franzosen. Und das kam so:

Der Wiener Männergesangsverein verfügte zu Johann Strauß' Zeiten zwar über sehr schöne Stimmen, aber wenig geeignetes Noten-Material. Im Jahre 1867 gedachte der Verein wegen des verlorenen Krieges mit Preußen statt des traditionellen Faschings-Balles ein Konzert mit beschwingten Weisen im Dianasaal zu geben. Die Krönung des Konzerts sollte ein Chor-Walzer von Johann Strauß sein. Dieser sagte zu, obwohl er bis zu diesem Zeitpunkt dergleichen noch nicht geschrieben hatte. Zwar wohnte

Johann Strauß damals in der Praterstraße, nächst der Donau; allerdings die Anregung zu unserem Walzer-Titel hat er wahrscheinlich einem Gedicht entnommen, das er von früher kannte und von dem zwei Strophen folgendermaßen lauten:

Und ich sah dich reich an Schmerzen,
und ich sah dich jung und hold,
wo die Treue wächst im Herzen,
wie im Schacht das edle Gold,
an der Donau, an der schönen blauen Donau!

Wieder war mein Herze blühend,
der verschneite, öde Strauch.
Knospen kamen freudesprühend,
Nachtigallen kamen auch
an die Donau, an die schöne, blaue Donau!

Die Schlußzeilen dieser Strophen haben zweifellos dem Walzer seinen Namen gegeben. Das Gedicht stammt von dem 1817 in Ungarn geborenen Karl Isidor Beck. Sein Gedicht aber hat mit dem Walzer nichts weiter zu tun; keinesfalls ist einer der verschiedenen Texte, auf die der Walzer gesungen wurde, auf Beck zurückzuführen.
Die Textfrage bereitete die ersten Schwierigkeiten. Zuerst bemühte sich Johann Ritter von Herbeck, der bisherige Leiter des Wiener Männergesangsvereins, darum; er gab jedoch das mühselige Geschäft bald auf. Dann beauftragte man den Hausdichter des Vereins, den Polizei-Kommissär Joseph Weyl, damit. Was dem um die Wiedererweckung der Schubertschen Musik so hochverdienten Herbeck versagt blieb, gelang dem Hüter der Ordnung: hier der Beginn des Weylschen Gesangstextes:

Bässe: Weana, seid froh...
Tenöre: Oho, wieso?
Bässe: No-so bli-ickt nur um –
Tenöre: I bitt, warum?
Bässe: Ein Schimmer des Lichts...
Tenöre: Wir seh'n noch nichts!
Bässe: Ei, Fasching ist da!
Tenöre: Ach so, na ja!
Bässe: Drum trotzet der Zeit...
Tenöre (kläglich): O Gott, die Zeit...

Sie werden diese Verse, die der wackere Polizei-Beamte zu den Straußschen Melodien zusammenreimte, läppisch finden, doch haben schon verschiedene Strauß-Kenner darauf hingewiesen, daß diese Zeilen ein ganz beredter Ausdruck jener Gefühle waren, die die Wiener nach der Niederlage von Königgrätz und dem damit zusammenhängenden finanziellen Zusammenbruch im Busen hegten. Der Sieg der Preußen im Jahre 1866 hatte den Österreichern ganz und gar nicht geschmeckt – den Preußen nebenbei bemerkt auch nicht –, und in Wien herrschten Mißbehagen und Unzufriedenheit. Diese Stimmung geben die oben zitierten Verse zutreffend wieder.

Mit dem Walzer selbst war der Wiener Männergesangverein auch nicht recht glücklich. Das lag aber beileibe nicht an jenem Text, sondern am Straußschen Chorsatz. Die Sänger fanden, er läge zu tief und sei nicht »dankbar« genug. Viel fehlte nicht, und sie hätten regelrecht gemeutert!

Dennoch wurde am 9. Februar 1867 unter Leitung von Rudolf Weinwurm, mit der Kapelle der Brüder Josef und Eduard Strauß, die »Schöne blaue Donau« uraufgeführt. Über den Erfolg dieser Premiere gehen

die Ansichten der Strauß-Forscher bemerkenswert weit auseinander. Während die in Österreich Beheimateten auf keinen Fall zugeben wollen, daß es lediglich ein magerer Achtungserfolg war – denn dann hätten sich die Wiener Besucher ja unsterblich blamiert –, behaupten andere, die Tatsache, daß der Walzer nur einmal wiederholt wurde, habe bei der Strauß-Begeisterung jener Jahre soviel wie gar nichts bedeutet. Dies scheint nun tatsächlich der Fall gewesen zu sein, wenn jene Worte wirklich gefallen sind, die Johann nach besagtem Abend zu seinem Bruder geäußert haben soll: »Den Walzer mag der Teufel holen, nur um die Coda tut's mir leid – der hätt' ich einen Erfolg gewünscht.« Damit verschwand der Chor-Walzer von der Bildfläche und landete zuunterst im Notenkoffer von Johann Strauß.
Er mußte nämlich wieder einmal verreisen, diesmal nach Paris. Dort fand im Jahre 1867 die Welt-Ausstellung statt, und zwar in einem ganz besonders prächtigen Rahmen. Österreich war dabei sehr repräsentativ vertreten; vor allem durch sein Botschafterpaar: den Sohn Metternichs und dessen excentrische Ehefrau Pauline Metternich-Sandor. Johann Strauß war nun nicht etwa durch die offizielle Vertretung Österreichs, sondern auf Betreiben des Grafen d'Osmond nach Paris eingeladen worden. Dieser hatte Strauß und sein Orchester in Wien oft gehört. Er war ein enthusiastischer Wagnerianer, bewunderte aber ebenso die Straußsche Muse, ein Fall, der damals nicht ungewöhnlich war. Hatte doch das Orchester von Johann Strauß im Jahre 1861 die Wiener erstmalig mit Musik aus allen drei Akten des »Tristan« bekannt gemacht.

Zunächst allerdings wollte sich die Hoffnung des Grafen, Strauß werde in Paris wie eine Bombe einschlagen, durchaus nicht erfüllen. Das hatte verschiedene Gründe. Johann Strauß verfügte in Paris keineswegs über sein eigenes Orchester, sondern mußte mit dem Bilse-Orchester aus Berlin konzertieren, dem nämlichen, aus dem später die Berliner Philharmoniker hervorgegangen sind. Zum andern kannte der eingeborene Wiener die französischen Tanz-Tempi nicht, die bedeutend langsamer waren als die in Wien üblichen. Schließlich war Johann Strauß auf der Welt-Ausstellung einfach schlecht placiert. Erst nach längerem Bemühen fand Graf d'Osmond auf dem ausgedehnten Gelände der Ausstellung ein passendes Konzert-Lokal, den »Cercle-International«. Geraume Zeit blieben Benjamin Bilse und Johann Strauß, die sich in die Leitung der Konzerte teilten, so gut wie unbeachtet. Daran änderte auch ein glänzender Empfang nichts, den die österreichische Botschaft gab und bei dem Strauß musizierte.
Ein Zufall kam zu Hilfe: als Strauß eines Tages im »Cercle-International« zu spielen begann, wollte eben eine Persönlichkeit das Lokal verlassen, ein Mann, mächtiger als die österreichische Botschaft und der französische Kaiser zusammengenommen. Bei den ersten Klängen blieb er wie hypnotisiert stehen und lauschte dem Spiel des Orchesters. Es war: Jean Hippolyte de Villemessant, Besitzer der Zeitung »Le Figaro«. Er empfand diese Musik als etwas prickelnd Neues, und als echter Journalist beschloß er sofort, aus diesem Erlebnis eine Sensation zu machen. Er liebte das lebensfrohe Wesen Österreichs mehr als die Kruppsche Kanone, die das Königreich Preußen

auf die Ausstellung geschickt hatte. Noch eins: hier stand ein österreichischer Kapellmeister und lenkte Berliner Musiker nach seinem Willen. Das würde ein Feuilleton geben!

De Villemessant bot seinen gesamten Redaktionsstab zugunsten seines rasch gewonnenen Wiener Freundes auf. Von nun an erschienen täglich in den Spalten des »Figaro« Berichte über Strauß und seine Musiker. Die anderen Pariser Blätter beeilten sich, das Gleiche zu tun, und so widerhallte bald die gesamte Presse vom Lob des musikalischen Phänomens im »Cercle-International«. De Villemessant tat noch ein übriges: er lud die geistige Elite von Paris in seine Redaktionsräume ein, wo Gustave Flaubert, Iwan Turgenjew, Ambroise Thomas, Dumas der Jüngere, Théophile Gautier dem Spiel der Straußschen Kapelle lauschten. Der gewandte Weltmann Strauß revanchierte sich mit einem Diner, zu welchem allerdings de Villemessant heimlich die erlesensten Weine beisteuerte, und spielte zu Ehren seines Gastes die »Figaro-Polka«. Am nächsten Tage erschien diese Polka als Notendruck in der Beilage des »Figaro«, teils mit wahren, teils mit erdichteten Einzelheiten aus dem Leben des Komponisten kommentiert.

Die Strauß-Begeisterung ist jetzt auf dem Höhepunkt; man bestürmt den Meister um neue Kompositionen. Strauß ist in Verlegenheit; das Jahr 1867 war nicht gerade eines seiner produktivsten. Da fällt ihm der Chorwalzer für den Wiener Männer-Gesangverein ein. Schnell sind ein paar Instrumentations-Retuschen vorgenommen, durch den Fortfall der Chorstimmen bedingt, und die Pariser erleben die Erstaufführung der Instrumentalfassung des un-

glücklichen Chor-Walzers. Von diesem Tage an ist »Le beau Danube bleu« die ständige, sehnsüchtig erwartete Schluß-Nummer aller Strauß-Konzerte in Paris. Der frenetische Beifall braust schon auf, ehe der erste Ton erklingt.
Der Verleger des Walzers, Carl Anton Spina, hatte Strauß seinerzeit 250 Gulden dafür bezahlt. Er druckte den Walzer mit Kupfer-Matrizen. Jede Platte erlaubte den Druck von 10 000 Exemplaren. Spina mußte innerhalb weniger Jahre 100 solcher Matrizen herstellen lassen, was einer Million Exemplaren entspricht. Spina zahlte Strauß damals ein sogenanntes Ehren-Honorar. Heute würde er ihm sicher eine goldene Druckplatte verehrt haben!

Modeste Mussorgsky

BILDER EINER AUSSTELLUNG

Das Verhältnis zwischen Musik und bildender Kunst bestand bis zum Zeitalter des Rokoko hauptsächlich darin, daß die Maler musizierende Menschen abbildeten. Die Meister früherer Jahrhunderte taten das um so lieber, als die Beschäftigung mit einem Instrument, mit Musik überhaupt, den Ausdruck des Modells steigert. Zudem waren viele bildende Künstler von Hause aus musikliebend. Musik galt im 15. und 16. Jahrhundert vorwiegend als Wissenschaft und nicht etwa als Kunst. Somit gehörte die Musik zur höheren Bildung und wurde von allen, die darauf Anspruch erhoben, entsprechend gepflegt. So wird erzählt, daß van Dyck bei den Festen seines Lehrmeisters Rubens italienische Lieder zur Gambe gesungen habe. David Teniers der Jüngere malte sich und die Seinen beim Musizieren. Leonardo da Vinci soll am Hofe der Sforzas als Musiker angefangen haben, und auch später begleitete die Musik seine künstlerische Arbeit: als er die Mona Lisa malte, soll der Klang des Saitenspiels in seinem Atelier nie verstummt sein. Tintoretto veranstaltete mit seiner Tochter Marietta und einem gewissen Zarlino aus Chioggia Konzerte in seinem Hause. Veronese hat auf einem großen Hochzeitsbild sich selbst und Tintoretto als Violaspieler, Bassano den Älteren als Flautisten und Tizian als Bassisten porträtiert. Von Giorgione wird berichtet, er habe so schön gespielt und gesungen, daß die Patrizier ihn häufig gebeten hätten, bei ihren musikalischen Veranstaltungen mitzuwirken.

Hervorragende Darstellungen zeitgenössischer Musikausübung schufen neben den genannten Meistern: Fra Angelico, Donatello, Luca della Robbia, Albrecht Dürer, Matthias Grünewald, Gerhard van Honthorst, Jakob Jordaens, Gerard Dou, Gerard Terborch, Jan Miense Molenaer, Frans Hals, Gabriel Metsu, Jan Vermeer, Frans van Mieris, Caspar Netscher, Antoine Watteau, Nicolas Lancret und Jakob van Loo – um nur die bedeutendsten zu nennen. Einige von diesen Meistern könnte man geradezu als Musik-Spezialisten bezeichnen.

In der zweiten Hälfte des 19. Jahrhunderts kehrt sich das Verhältnis zwischen Musik und bildender Kunst um: versuchten bisher die Maler die Musik darzustellen, so versuchen nunmehr die Musiker Werke der bildenden Kunst in Töne umzusetzen.

Robert Schumann verwendete das Wort »Bild« allerdings nur als Titel (»Bilder aus dem Osten« op. 66 oder »Märchenbilder« op. 113). Franz Liszt lehnte sich in seinen Kompositionen bereits an ganz bestimmte Kunstwerke unmittelbar an. In seinem Klavier-Zyklus »Années de Pèlerinage« befindet sich ein

ZU: BILDER EINER AUSSTELLUNG VON MODESTE MUSSORGSKY

Das große Tor von Kiew

Catacombae. Sepulcrum Romanum

ZU: PRÉLUDE À L'APRES-MIDI
D'UN FAUNE VON CL. DEBUSSY

François Boucher: Pan and Syrinx
(National Gallery, London)

mit *»Sposalizio«* überschriebenes Stück. So nennen die Italiener das berühmte Gemälde von Raffael: Die Vermählung der Maria. Liszts »Totentanz« für Klavier und Orchester, musikalisch auf ein »dies-irae«-Motiv des gregorianischen Chorals aufgebaut, wurde durch die Fresken in Pisa »Triumph des Todes« von Ambrogio Lorenzetti angeregt. Die symphonische Dichtung »Hunnenschlacht« geht auf ein Wandgemälde von Kaulbach zurück. Liszt plante eine Zeit lang ernstlich, eine Reihe symphonischer Dichtungen zu schreiben, die er »Eine Weltgeschichte in Bildern und Tönen von Wilhelm von Kaulbach und Franz Liszt« nennen wollte.

Nach ihm war es Reger, der vier Werke des Malers Arnold Böcklin als Satz-Titel seiner Orchestersuite op. 128 verwendete; es waren die Bilder: Der geigende Eremit, Im Spiel der Wellen, Die Toteninsel und Bacchanal. Bohuslav Martinú vertonte drei Jahre vor seinem Tode Fresken des Piero della Francesca, jenes genialen Erneuerers der italienischen Malerei im Cinquecento, die man in Arezzo bewundern kann. In der Oper »Mathis der Maler« von Paul Hindemith wurde der Meister des Isenheimer Altars, Mathis Neithardt Gothardt – durch den Irrtum eines älteren Kunstwissenschaftlers fälschlich »Grünewald« genannt – zur Hauptfigur einer Oper.

Um aber auf Mussorgsky zu kommen: er überbot sämtliche Vertonungen dieser Art, indem er gleich eine ganze Ausstellung in Töne umsetzte. Nun werden gewiß viele Musikfreunde annehmen, diese Bilder mit den bizarren Titeln seien lediglich eine Ausgeburt der Phantasie des genialen Russen und die Ausstellung habe es in Wirklichkeit nie gegeben.

Diese Annahme wird durch die Tatsache bekräftigt, daß man die Bilder selbst kaum zu Gesicht bekommen hat.
Diese Ausstellung hat es aber tatsächlich gegeben. Sie fand im Jahre 1874 statt und galt dem Architekten, Bildhauer und Maler Victor Hartmann, der mit Mussorgsky befreundet gewesen war. Es war eine Gedächtnis-Ausstellung für Hartmann, denn daß er zum Zeitpunkt der Ausstellung bereits tot war, geht aus einer Bemerkung des Komponisten hervor, die er unter die Komposition »Catacombae« schrieb. Auf dem Bild hatte sich Hartmann selbst dargestellt, wie er beim Schein einer Laterne das Innere von Grabkammern in den Katakomben zu Paris erforscht. Bei Mussorgsky zerfällt die musikalische Vertonung dieser Darstellung in zwei Teile; der erste, als *»Sepulcrum Romanum«* bezeichnet, besteht aus »Pfund-Noten«; der zweite in h-Moll bedient sich in der rechten Hand ausschließlich des Tremolos und ist überschrieben: *»Con Mortuis in Lingua Mortua«* (mit Toten in einer toten Sprache). Dazu hatte nun Mussorgsky handschriftlich vermerkt: »Der Schöpfergeist des verstorbenen Hartmann leitet mich zu den Schädeln und ruft sie an – die Schädel leuchten im Innern sanft auf.«
Merkwürdig ist, daß der Wunsch, die Bilder einmal anzuschaun, von den Musikfreunden im allgemeinen nicht allzu stürmisch vorgetragen wurde, obwohl solch eine Transposition vom Optischen ins Akustische die Kenntnis der Vorlagen eigentlich voraussetzt. Man gibt sich mit einer Musik zufrieden, die etwas schildert, was man selbst nie gesehen hat.
Dank der Liebenswürdigkeit meines verehrten Freun-

des Gerhard Maasz, der fünf Photoreproduktionen der Hartmannschen Skizzen nach großen Mühen in seinen Besitz gebracht hat, sind wir in der Lage, vier davon auf unseren Bildtafeln wiederzugeben. Die übrigen Zeichnungen sind wahrscheinlich in alle Winde verstreut und unwiederbringlich verloren.

Die »Bilder einer Ausstellung« setzen sich aus den folgenden Einzelstücken zusammen: Unser Noten-Zitat ist das Thema der *Promenade,* wie der Komponist das Wandeln von einem Bild zum andern genannt hat. Dieses Motiv kehrt zwischen den einzelnen Stücken – wenn auch variiert und abgewandelt – immer wieder. *Gnomus* stellt einen Zwerg dar, der auf seinen kurzen krummen Beinen ungeschickt einherstolpert. *Das alte Schloß* steht in Italien. Im Vordergrund singt ein Troubadour sein Lied. *Tuileries. Spielende Kinder im Streit* zeigt eine Allee mit vielen Kindern und Kindermädchen. *Bydo* ist ein alter polnischer, von Ochsen gezogener Leiterwagen. *Ballett der Küchlein in den Eierschalen:* eine amüsante Skizze für ein Ballett, das den Namen »Trilby« führen sollte. *Samuel Goldenberg und Schmuyle:* zwei Juden, sehr begütert der eine, ein armer Teufel der andere. *Der Marktplatz in Limoges* zeigt eine Auseinandersetzung zwischen keifenden Marktfrauen; über das nächste Stück, *Catacombae* und *Con Mortuis in Lingua Mortua* wurde bereits gesprochen. *Die Hütte der Baba-Yaga* ist eine auf Hühnerpfoten ruhende Uhr in Form einer Hexenhütte, denn die Baba-Yaga ist die Hexe des russischen Volksmärchens. *Das große Tor von Kiew:* ein architektonischer Entwurf Hartmanns im altrussischen Monumentalstil.

Mussorgskys Klaviersatz ist nicht das, was der Klavierspieler »dankbar« nennt. Dies ist umso verwunderlicher, als der siebenjährige Modeste sich bereits mit dem Lisztschen Klavierwerk auseinandergesetzt haben soll.
Es erscheint daher wenig verwunderlich, daß der Dirigent Sergej Kussevitzky eines Tages an Maurice Ravel herantrat und ihn beauftragte, die »Bilder einer Ausstellung« zu instrumentieren. Ravel widmete sich dieser Arbeit im Sommer 1922 und löste die Aufgabe in derart überzeugender Weise, daß viele Liebhaber dieser Musik bereits vergessen haben, daß es sich um ein originales Klavierwerk handelt. Wer das bezweifelt, der schaue sich die Schallplatten-Verzeichnisse an: das Klavier-Original gibt es nur in vier Interpretationen; die Ravelsche Orchester-Fassung wurde doppelt so oft aufgenommen!

Antonín Dvořák

INDIAN KANZONETTA

oder Indian Lamento aus op. 100

Man sollte meinen, daß Komponisten, die ihre Werke mit Opuszahlen versehen, sich bei der Zahl 100 etwas Besonderes einfallen lassen. Merkwürdigerweise ist das meist nicht der Fall. So ist zum Beispiel op. 100 von Beethoven das Lied »Merkenstein nächst Baden«. Es ist – wenn man so will – ein vertonter Fremdenverkehrs-Prospekt nach einem Gedicht des Kaufmanns und Botanikers Johann Baptist Rupprecht, der es zwar später bis zum k. und k. Bücher-Zensor brachte, aber über die malerische Ruine in der Nähe von Wien Verse verbrach, die in ihrer unfreiwilligen Komik auch bei Friederike Kempner stehen könnten:

Merkenstein! Merkenstein!
Höchster Anmut Lust-Verein.
Ewig jung ist in Ruinen
Mir Natur in dir erschienen
Ihr, nur ihr mich stets zu weih'n,
Merkenstein! Merkenstein!

Beethovens Vertonung war eine reine Gefälligkeit, und die Opuszahl stammt von seinem Verleger.
Bei Schubert ist es das zweite Klavier-Trio in Es-Dur, das jene runde Opuszahl trägt; reiner Zufall, denn das andere, ebenso gewichtige B-Dur-Trio hat die Zahl 99. Mendelssohn numerierte ziemlich unbekannt gebliebene Gesangsquartette mit der Zahl 100, und bei Brahms erhielt die schöne Violin-Sonate in A-Dur diese Zahl; nichts weist darauf hin, daß Brahms damit etwas Besonderes beabsichtigte.
Erst bei Max Reger gibt es eine Andeutung, daß er sein opus 100 als etwas Bedeutsames ansah. Der Hinweis besteht aus zwei Ausrufungszeichen in einem Briefe aus dem Jahre 1907 an Adolf Wach:
»...Meine Orchesterpartitur (Orchestervariationen) op. 100 (!!) wächst ganz enorm; das wird eine ›urfidele‹ Sache!« Diese urfidele Sache sind die Hiller-Variationen. Man könnte allerdings auch annehmen, daß Reger mit den Ausrufungszeichen nicht ohne Stolz darauf hinweisen wollte, daß er mit 34 Jahren schon zu einer solch hohen Werkzahl gelangt sei.
Nur *ein* Komponist des vorigen Jahrhunderts hat sich zu seinem Opus 100 etwas Einmaliges einfallen lassen, und das war Antonín Dvořák aus Nelahozeves (Mühlhausen) an der Moldau. Zu der Zeit, von der wir hier berichten wollen, war der böhmische Komponist allerdings weit entfernt von seiner geliebten Heimat. Er weilte damals als Direktor des National-Konservatoriums in New York. Anstatt seinen viermonatlichen Urlaub in der Heimat zu verbringen, hatte er sich mit seiner gesamten Familie nach Spillville im Staate Iowa begeben. Dieser Ort war zwar von einem Bayern namens Spielmann gegründet

worden, wurde aber im Jahre 1893 ausschließlich von tschechischen Ansiedlern bewohnt. Deshalb fühlte sich Dvořák hier richtig wohl; jeden Morgen spielte er in der Kirche von Spillville zur Freude seiner Landsleute vertraute heimatliche Kirchenweisen auf der Orgel. Hier konnte der Frühaufsteher im Wald dem Vogelruf lauschen und abends in der Wirtsstube mit den Bauern »Sarda« spielen, eine Art tschechischen Skats. Innerhalb weniger Tage entstand hier das erfolgreichste seiner Streichquartette: op. 96 in F-Dur; auch das prächtige Streichquintett in Es-Dur op. 97 wurde in Spillville entworfen und zu Papier gebracht. Daneben entstanden eine später orchestrierte Klaviersuite in A-Dur op. 98 und 10 biblische Gesänge op. 99. Wie man sieht, stand ein opus 100 unmittelbar bevor.
Von seinem Urlaubsort aus machte Dvořák mehrere Ausflüge in die weitere Umgebung; einer führte ihn nach Minneapolis, wo er die Minnehaha-Wasserfälle aufsuchte. Dieses Naturschauspiel kennt in Amerika jedes Kind und zwar aus Henry Wadsworth Longfellows indianischer Edda: »Hiawatha«, dem Epos eines Stammvaters untergehender Völker. Der Held dieser Erzählung liebt Minnehaha, nach der die Wasserfälle benannt sind. Der Anblick der hinabstürzenden Wassermassen beeindruckte Dvořák derart – er hatte bisher die Niagara-Fälle noch nicht zu Gesicht bekommen –, daß er plötzlich einen Bleistiftstummel aus der Tasche hervorkramte und sich auf seiner gestärkten Manschette jenes Thema notierte, das dieses Kapitel einleitet.
Für seine beiden Kinder Ottilie und Antonín schrieb Dvořák kurz darauf eine viersätzige Sonatine in G-

Dur für Geige und Klavier. Als er dieses kleine Werk seinem Verleger anbot, geschah das mit folgenden Begleitzeilen:

»Sie ist für die Jugend bestimmt, aber auch die Großen, Erwachsenen mögen sich an ihr vergnügen, wie sie es eben verstehen...«

Und sie verstanden es. Der langsame kleine Satz der Sonatine wurde neben der 7. Humoreske in Ges-Dur aus op. 101 eines seiner bekanntesten Werke. Aber nicht etwa als Bestandteil der Sonatine, sondern als »Kanzonetta« oder gar als »Indian Lamento« – alles Namen, die weder zutreffen noch von Dvořák selbst herrühren. Damit soll aber nicht gesagt sein, daß der Aufenthalt in Amerika an ihm spurlos vorübergegangen wäre. Am 15. September 1893 schreibt er an einen Freund in der Heimat über die Symphonie »Aus der neuen Welt«, das Streichquartett op. 96 und das Streichquintett op. 97:

»– ich weiß, daß diese Kompositionen nie ›so‹ geschrieben worden wären, wenn ich Amerika nicht gesehen hätte!«

Hugo Wolf

EPIPHANIAS

am 6. Januar zu lesen

Wenn ein musikalisches Kunstwerk kleineren Formats aus der Laune des Augenblicks oder aus gegebenem Anlaß spontan entsteht, ohne daß eine zurückreichende Planung vorausgegangen wäre, so spricht man von einer »Gelegenheits-Komposition«. Das Lied von Hugo Wolf ist sozusagen ein Gelegenheitswerk in der Potenz, denn schon das zugrundeliegende Gedicht ist ein solches. Goethe schrieb es Anfang Januar 1781. Es lautet:

Die heil'gen drei König' mit ihrem Stern,
Sie essen, sie trinken, und bezahlen nicht gern;
Sie essen gern, sie trinken gern,
Sie essen, trinken, und bezahlen nicht gern.

Die heil'gen drei König' sind kommen allhier,
Es sind ihrer drei und nicht ihrer vier;
Und wenn zu dreien der vierte wär',
So wär' ein heiliger drei König mehr.

Ich Erster bin der weiß' und auch der schön',
Bei Tage solltet Ihr erst mich sehn!
Doch ach! mit allen Specereien
Werd' ich sein Tag kein Mädchen mehr erfreun.

Ich aber bin der braun' und bin der lang',
Bekannt bei Weibern wohl und bei Gesang.
Ich bringe Gold statt Specereien,
Da werd' ich überall willkommen sein.

Ich endlich bin der schwarz' und bin der klein'
Und mag auch wol einmal recht lustig sein.
Ich esse gern, ich trinke gern,
Ich esse, trinke, und bedanke mich gern.

Die heil'gen drei König' sind wohlgesinnt,
Sie suchen die Mutter und das Kind;
Der Joseph fromm sitzt auch dabei,
Der Ochs und Esel liegen auf der Streu.

Wir bringen Myrrhen, wir bringen Gold,
Dem Weihrauch sind die Damen hold;
Und haben wir Wein von gutem Gewächs,
So trinken wir drei so gut als ihrer sechs.

Da wir nun hier schöne Herrn und Fraun,
Aber keine Ochsen und Esel schaun,
So sind wir nicht am rechten Ort
Und ziehen unseres Weges weiter fort.

Keine Frage, daß diese mutwilligen Verse mit dem Mythos der Heiligen Drei Könige aus der Bibel herzlich wenig zu tun haben, obwohl Goethe sich mit den ersten Verszeilen an ein altes Drei-Königslied anlehnt. Um dieses Scherzgedicht richtig zu verstehen, muß man seine Entstehung kennen.

In vielen Ländern Europas war und ist die Sitte des »Sternsingens« verbreitet. Doch hatte das Ausarten dieses alten Brauchs in aufdringliche Bettelei vielfach zu Unzuträglichkeiten geführt, und so war das Sternsingen in Weimar zu Goethes Zeiten in der Öffentlichkeit polizeilich verboten. Herzogin Amalie von Weimar, die an dieser Volkssitte hing, beklagte das und bat Goethe, zum Heiligen-Drei-Königstag des

Jahres 1781 einen Text zu dichten, der, auf einzelne Personen verteilt, im Schlosse privat aufgeführt werden sollte.

In der dritten Strophe befindet sich eine merkwürdige Aussage: »Doch ach! mit allen Specereien / Werd' ich sein Tag kein Mädchen mehr erfreun.« Man müßte sich eigentlich fragen, warum es dem weißen und schönen König bestimmt war, zeit seines Lebens Junggeselle zu bleiben. Es handelt sich um einen

Scherz Goethes; denn den ersten König stellte damals die Sängerin Corona Schroeter dar.
Hugo Wolf hat merkwürdigerweise komponiert: »Werd ich sein Tag kein Mädchen mir erfrein.« Wahrscheinlich hatte ihn der unreine Reim gestört.
Der Komponist gehörte mit seiner leicht erregbaren, entzündlichen Natur zu jenem Typus von Schaffenden, die eruptiv, wie ein Vulkan, zu arbeiten pflegen. Nach Monaten, ja, Jahren scheinbarer Untätigkeit erregt plötzlich ein Dichter wie Heyse, Mörike, Eichendorff oder Goethe die musikgestaltende Phantasie des ekstatischen Steirers, und es gelingen ihm an einem Tage bisweilen drei Lieder, jedes ein Meisterwerk in seiner Art. So entstehen in dreieinhalb Monaten 51 Lieder nach Gedichten von Goethe.
Freilich, manchmal stockt der musikalische Atem mitten im Lied. So auch bei »Epiphanias«. Gerade mit dieser Vertonung eilte es damals. Das Wiener Ehepaar Heinrich und Melanie Köchert hatte Hugo Wolf sein Sommerhaus in Döbling zur Verfügung gestellt, damit er dort in Ruhe an den Goethe-Liedern arbeiten könne. Unser Lied sollte eine Dankesgabe für das Mäzenatentum des gastfreien Ehepaars sein. Die Hausfrau hatte am Dreikönigstag Geburtstag, und ihre drei kleinen Töchter sollten es im Kostüm und agierend vortragen. Darauf deuten die Regie-Anmerkungen hin, die Wolf dem Ausklang des Liedes beifügte.
Mitten während der Niederschrift blieb der Komponist auf einmal stecken. Er rannte zu seinem Freund Ferdinand Loewe, um ihm den Anfang vorzuspielen und sein Urteil zu hören. Er war selig, als Loewe ihm gut zusprach, das bereits Notierte vortrefflich fand

und ihn ermunterte, so fortzufahren. Das Lied wurde schließlich am vorgesehenen Termin im engsten Familienkreise uraufgeführt.
Heute wird es meist von einem Bariton und nicht etwa von Kindern gesungen. So geschah es auch im Jahre 1889 in Bayreuth, wo Wolf zum ersten Male die »Meistersinger« des von ihm vergötterten Richard Wagner hörte. An einem Pausentag der Festspiele wurde im Steingraeber-Saal ein Konzert mit Hugo Wolf am Flügel improvisiert. Der Bassist Emil Blauwaert sang verschiedene Lieder aus dem jüngsten Schaffen Wolfs vom Blatt; unter anderem auch »Epiphanias«. Zeitgenossen erzählen, daß der Publikums-Verächter sich bei den Verszeilen: »Da wir nun hier schöne Herrn und Fraun, aber keine Ochsen und Esel schaun«, sich grimmig und vielsagend in der anwesenden Gesellschaft umgeschaut habe, gleichsam als ob er sich vergewissern wollte ...

Claude Achille Debussy

PRÉLUDE À L'APRÈS-MIDI D'UN FAUNE

Eigenartiger Name für ein Orchesterwerk. Wieso eigentlich »Prélude«? Einem Vorspiel müßte doch etwas folgen. Und was treibt so ein Faun gerade am Nachmittag?

Um für all dies eine Erklärung zu finden, müßten wir die National-Gallery in London besuchen. Dort hängt eine Anzahl von Bildern des französischen Malers François Boucher. Er ist ein Meister des französischen Rokoko, und man wird seine Bildwerke sofort vor Augen haben, wenn Titel genannt werden wie: Susanna im Bade – Die Geburt der Venus – Die Toilette der Venus – Das Porträt der Marquise de Pompadour. Das letztgenannte Bildnis wird Boucher mit dankbarer Begeisterung gemalt haben, denn Frankreichs mächtigste Frau hat ihn stets ausgezeichnet. Boucher, der Alleskönner, arrangierte Ballette und japanische Feenstücke in ihrem Hause. Er zeichnete Kostüme, schaffte Vorlagen für Bildhauer, Elfenbeinschnitzer, Goldschmiede und Tischler, zeichnete Tapeten, Bucheinbände und Fächer, modellierte

Porzellanfiguren, Uhren, Kaminsimse, Vasen und Leuchter, entwarf Bühnen-Dekorationen und war auch noch Direktor der Pariser Gobelin-Manufaktur. Außerdem entwickelte er einen neuen Stil in der französischen Malerei. Seine galanten Bilder, seine Schäfer-Szenen, seine Porträts und seine Darstellungen aus der antiken Mythologie hängen in den berühmtesten Gemälde-Sammlungen der Welt: im Louvre, in Edinburgh, in Stockholm, in der Eremitage zu Leningrad und – in der Londoner National-Gallery.

Dort steht vor einem seiner Bilder eines Tages ein 23jähriger Franzose. Er heißt Stéphane Mallarmé und studiert in London die englische Sprache, denn er will in Paris englischer Sprachlehrer werden. Später wird er eine Deutsche heiraten und als Gymnasial-Professor in einer kleinen, bescheidenen Wohnung hausen. Jeden Dienstag wird sich dort die geistige Elite der französischen Hauptstadt treffen.

Das Bild, das der junge Mann immer und immer wieder betrachtet, stellt einen jungen Waldgott dar, der mit begehrlichen Augen zwei lagernde Nymphen anschaut (vgl. Tafel vor S. 129). Mallarmé, der Dichter, ist von dieser Darstellung in eigenartiger Weise beeindruckt. Es regt ihn zu einer »Eclogue« an, zu einem Hirtengedicht. Da heißt es:

Festhalten, ewig, will ich diese Nymphen
Hell und rosa zart getönt,
So zittert noch ihr Fleisch in schläfrig dicker Luft.
Umfing ich einen Traum?
Mein Grübeln, aufgestaut in uralt inn're Nacht,
Treibt manch Gezweig verästelt aus,
Dies aber bleibt für mich der wahre Wald,
Und überzeugt mich;

Ach, einsam bot ich, als Rausch,
Mir Trug erdachter Rosen — Denk weiter nach!
Träg verflammt all das in greller Stunde
Und schon verrät nichts mehr, welch Zauberspuk entriß ersehntes
Unglück dem, der den Zuklang sucht: So ruf ich mich denn auf zur
Glut der ersten Frühe, aufrecht, allein, mein Haupt umwellt von
Götterlicht, ganz Lilie! Lauter sein, als eine von euch vielen!
Kein Rieseln rings durch brütend matte Hitze,
Kein östlich leichter Wind, den nicht erstickten Gluten,
Nur Tropfen meiner Flöte, die den Hain berieselt
Mit welligen Akkorden, und nur jenes Wehn
Gewärtig, aus zwei kleinen Röhren zu verströmen,
In trocknem Regen, wenn sich Ton auf Ton versprüht,
Im weiten Ätherraum, den nicht ein Wölkchen kräuselt:
Der schöpferische Hauch, zum Himmel strebt er heim.

Diese Verse stehen in ihrer sinnverdunkelnden Schönheit in eigentümlichem Gegensatz zu der zeitgebundenen Kunst eines François Boucher.

Misia Sert erzählt in ihren Erinnerungen, wie sehr Mallarmé die Musik liebte. Sie mußte ihm stundenlang vorspielen – meist Werke von Schubert und Beethoven.

So, wie Bouchers Bild den Dichter anregte, begeisterte sich Debussy für die Verse Mallarmés. Er plante ein dreiteiliges Orchesterwerk; es sollte aus einem Vorspiel, einem Interlude und einer Schluß-Paraphrase bestehen. Geschrieben wurde aber nur das erste Stück; die Bezeichnung »Prélude« jedoch blieb.

Zwei Jahre arbeitete der Komponist an der Fertigstellung der Partitur. Als Mallarmé durch gemeinsame Freunde vom Vorhaben Debussys erfuhr, soll er Bedenken geäußert haben. Er befürchtete, die Musik werde lediglich das wiederholen, was seine Verse bereits ausgedrückt hätten. Als Debussy dies zu Ohren kam, entschloß er sich kurzerhand, dem Dichter sein Werk vorzuspielen.

Mallarmé war äußerst überrascht. Er empfand, daß diese Musik »sein Gedicht vertiefe und ihm einen leidenschaftlicheren Inhalt verleihe, als es selbst die Farbe vermöchte. Dies sind seine Worte«. (Heinrich Strobel). Begeistert schrieb er auf die Partitur:

»Sylvain d'haleine première,
Si sa flûte a réussi,
Ouis toute la lumière
Qui soufflera Debussy.«

Der klar denkende Ästhet und musikalisch empfindende Künstler hatte erkannt, daß diese Musik keine Ausdeutung seines Gedichts, kein Programm und keine Tonmalerei war. »Prélude à l'après-midi d'un faune« ist ein Standardwerk jener Kunstrichtung geworden, die mehr oder minder zutreffend »musikalischer Impressionismus« genannt wird.

Das Werk sollte ursprünglich im Frühjahr 1894 in Brüssel erstmals erklingen, wurde aber erst im Dezember in einem Konzert der »Société nationale de musique« unter der Leitung von Gustave Doret uraufgeführt. In Anbetracht seiner neuartigen Tonsprache fehlte es an ausreichenden Proben. Trotzdem errang das Werk schon damals soviel Beifall, daß es sofort wiederholt werden mußte.

Wer von uns denkt beim Aufklingen der ersten Syrinx-Töne heute noch an Bouchers Bild oder an Mallarmés Eclogue?

Serge Diaghilew, der Chef des berühmten russischen Balletts, wurde allerdings 1911 – Mallarmé war schon 13 Jahre tot – unsanft an den Dichter erinnert. Diaghilew beabsichtigte, Debussys Musik einem Ballett zu unterlegen. Es war ein interessanter Versuch, griechisches Relief in tänzerische Bewegung umzusetzen; alle Tänzer sollten nur im Profil auf der Bühne zu sehen sein. Mallarmés Erben erhoben Einspruch. Sie nahmen Anstoß an der Schlußszene, die sie als obszön empfanden. Die Aufführung fand trotzdem statt; ein nachhaltiger Erfolg blieb ihr allerdings versagt.
Geblieben ist das kaum zehn Minuten währende Orchesterwerk eines eigenwilligen Genies, das nichts weiter sein wollte als ein »Musicien français«.

VARIA

Auf den vorangehenden Seiten haben Sie, verehrter Leser, über einzelne Werke Ausführliches nachlesen können; auf den folgenden wird über viele weitere Stücke berichtet, deren Eigentümlichkeiten für ein eigenes Kapitel nicht ausgereicht hätten.

Georg Friedrich Händel

Neben der Wassermusik (s. S. 18) schrieb er noch eine *Feuerwerksmusik*. Sie wurde zur Feier der Beendigung des österreichischen Erbfolgekrieges geschrieben. 1748 wurde der Präliminar-Frieden zu Aachen geschlossen. England ging aus diesem Kriege als bedeutendste Seemacht Europas hervor, deshalb ordnete Georg II. eine Friedensfeier außergewöhnlichen Ausmaßes an. Die Krönung der Festlichkeiten sollte ein gigantisches Feuerwerk bilden, das der Herzog von Montagu veranstalten und der berühmte Architekt Chevalier Servandoni ausgestalten sollte. Im Green-Park zu London wurde eine 125 m breite und 35 m hohe Tempelfassade im dorischen Stil erbaut. Das Gerüst wies eine geräumige Galerie für ein Orchester auf, denn Händel hatte vom König den Auftrag erhalten, zu dem Feuerwerk eine passende Musik zu schreiben.

Die akustisch-optische Festvorstellung sollte am 27. April 1749 stattfinden. Händel, der genau wußte, daß seine Musik im Gezische und Qualm der damals üblichen pyrotechnischen Künste untergehen würde, hielt eine Woche zuvor in Vauxhall Gardens eine öffentliche Probe ab. Für eine solche waren die Eintrittspreise ziemlich gepfeffert: 2 1/2 Schilling pro Person; trotzdem kamen an die 12 000 Menschen, um Händels Musik zu hören. Sein Orchester bestand aus 9 Trompeten, 9 Hörnern, 24 Oboen, 12 Fagotten und drei Pauken; verschiedene Zeitgenossen wollen 100 und mehr Musiker gezählt haben. Beim Feuerwerk werden auch diese gegen 71 Sechspfünder, 20 Zwölfpfünder und 10 Vierundzwanzigpfünder kaum aufgekommen sein.

Nach dem volkstümlichen Erfolg dieser Musik wiederholte Händel sie am 27. Mai des gleichen Jahres zum Besten des Hospitals »für den Unterhalt und die Erziehung von gefährdeten und verlassenen Kindern« und setzte ein neu komponiertes Anthem (Hymnus in Kantatenform) hinzu, dessen Anfangstext lautete: »Blessed are they that consider the poor.« Eine schönere Krönung des königlichen Auftrags für eine pompöse und aufwendige Friedensfeier läßt sich schwerlich ersinnen. Das Findlings-Hospital dankte seinem hochherzigen musikalischen Wohltäter durch die Ernennung zum Direktor.

Eine der berühmtesten und volkstümlichsten Melodien, vorzugsweise bei kirchlichen Trauungen und bei Beerdigungen gespielt, ist Händels »Largo«. Wie man weiß, ist dieses jedoch kein Violin- oder Violoncello-Solo, sondern eine sehnsüchtige Liebes-Arie des Perserkönigs Xerxes aus der komischen Oper »Serse«. Was aber mancher nicht weiß: über der Arie »Ombra mai fu« steht gar nicht »Largo«, sondern: »Larghetto«.

Johann Sebastian Bach

Im Klavierbüchlein für Anna Magdalena Bach, der musikkundigen zweiten Ehefrau des großen Thomaskantors, steht das kleine Lied:

Auf der Seite vorher steht: *Aria di Giovannini,* und Goethes Freund, Carl Friedrich Zelter, hat angenommen, dieses Lied sei von dem verliebten Ehemann geschrieben, der seinen Vornamen neckisch italianisiert habe (Giovannini = Hänschen). Wer aber da glaubt, in besagtem Notenbüchlein sei alles von Bach, wird enttäuscht sein, daß nicht einmal ein Drittel der darin aufgezeichneten Stücke von ihm ist. Auch nicht die »Aria di Giovannini«.

Diesen Giovannini hat es tatsächlich gegeben; allerdings war er bekannter unter dem Namen Graf von St. Germain. Außerdem führte er noch ein Dutzend weitere – meist adlige – Namen und war ein Abenteurer, ein Hansdampf in allen Gassen, ein Typ, der zu jener Zeit trefflich gedieh; man denke nur an

Cagliostro, Casanova und andere. Es waren die Playboys der damaligen Zeit; sie unterschieden sich von jenen unserer Tage hauptsächlich dadurch, daß sie etwas konnten. So war der Graf von St. Germain ein guter Geiger, gab sich als Chemiker und Physiker aus, machte als Mechaniker, Arzt, Komponist und Schriftsteller von sich reden und wurde auch als Sachverständiger für Malerei in Anspruch genommen. Madame de Pompadour interessierte sich für ihn, und schließlich wurde er in eine unangenehme Betrugsaffäre in Brüssel verwickelt.

Unwillkürlich fragt man sich: wie kommt ein solcher Typ in das musikalische Familien-Album der Familie Bach?

In England wurde von St. Germain ein »Favourite-Song« veröffentlicht, und in diesem kommt folgende Wendung vor:

Sie erinnert auffallend an die »Aria di Giovannini« aus dem Klavierbüchlein. Warum sollte ein Abenteurer nicht auch einmal ein hübsches Liedchen schreiben?

In einem angesehenen deutschen Musikverlag gab es viele Jahrzehnte lang *Vier Inventionen* für Geige und Klavier von J. S. Bach zu kaufen. Als angehender Violinist bekam man sie vom Geigenlehrer verordnet und baute darauf sein Bach-Bild auf. Leider war es verkehrt; 1922 kam heraus, daß Bach diese

Inventionen gar nicht komponiert, sondern sich nur privat abgeschrieben hatte. Sie stammten von Francesco Antonio Bonporti, einem begabten und anscheinend auch begüterten Dilettanten aus Trient, denn er ließ seine Kompositionen auf eigene Kosten drucken und schickte sie an viele europäische Höfe, wo sie meist großen Anklang fanden. Kaiser Joseph I. ernannte ihn unbekannterweise zum Kammerherrn, worauf sich Bonporti auf den Titelblättern seiner Drucke »Nobile dilettante e familiar aulico di sua maestra Cesarea« nannte. Seine zehn Jahre vor den ersten Bach-Inventionen entstandenen zehn »invenzioni« tragen den Sammeltitel »La Pace« und sind erst neuerdings als liebenswerte Musik für Violine und bezifferten Baß herausgekommen.

Friedemann Bach

1858 erschien ein Roman, der ein »bestseller« wurde, »Friedemann Bach« von Emil Brachvogel. Der Held ist der älteste der zahlreichen Söhne Bachs. Er war ein hochbegabter, ernsthafter Musiker und angesehener Organist in Halle. Man weiß nicht, was ihn bestimmte, mit 54 Jahren seine gesicherte Stellung aufzugeben, um als unsteter Wanderer zwischen Berlin und anderen deutschen Städten hin und her zu irren. Er starb völlig verarmt in Berlin. Das Geheimnis dieses tragischen Lebensabschlusses hat den Schriftsteller Brachvogel zweifellos gereizt. Er schuf eine romantisierende und zugleich reißerische Darstellung des

Schicksals von Friedemann Bach, die zwar der historischen Wirklichkeit keineswegs entsprach, aber nicht hinderte, daß die äußerst rührselige Geschichte bis etwa zum Jahre 1914 von vielen Backfischen mit glühenden Wangen und tränenden Augen verschlungen wurde.

Brachvogel hatte in seinem Roman mehrfach ein Lied zitiert: »Kein Hälmlein wächst auf Erden, Der Himmel hat's betaut...«

Man nimmt selbstverständlich an, daß dieses Lied von Friedemann Bach sei. Weit gefehlt! Der Text ist von Brachvogel selbst, und die Melodie dazu schrieb Wilhelm Baumgartner. Dieser stammte aus Rorschach am Bodensee, war mit Gottfried Keller und Richard Wagner befreundet und bekleidete in späteren Jahren das Amt eines Universitäts-Musikdirektors in Zürich. Unseren Groß- und Urgroßeltern schenkte er das damals vielgesungene Salonlied »Noch sind die Tage der Rosen«.

Die Geschichte des Liedes vom Hälmlein ist damit noch keineswegs zu Ende. 1931 wurde in Schwerin die Oper »Friedemann Bach« von Paul Graener uraufgeführt. Das Textbuch folgte dem Roman von Brachvogel. Natürlich kam auch hier das Hälmlein-Lied vor; aber diesmal war es weder von Friedemann Bach, noch von Baumgartner und merkwürdigerweise auch nicht von Paul Graener vertont. Diesmal hieß der Komponist tatsächlich Bach; aber das war reiner Zufall. Es war ein Leonhard Emil Bach, der mit der alten mitteldeutschen Bach-Familie nicht das mindeste zu tun hatte; er lebte als Klavier-Virtuose in Berlin und hat Paul Graener die Melodie für die Oper überlassen.

Joseph Haydn

Hat ein musikalisches Genie so viele Kunstwerke geschaffen wie Haydn, nämlich 105 Symphonien, 82 Streichquartette und über 30 Klaviertrios, so ist es naheliegend, daß die Musikliebhaber die von ihnen bevorzugten Stücke durch besondere Namen auszeichnen. Das gilt vor allem für die Symphonien und die Quartette. Da die Namen fast alle nicht von Haydn stammen, jedoch schon in der ersten Hälfte des vorigen Jahrhunderts in Gebrauch waren, lohnt es sich, ihre Bedeutung zu ermitteln, um festzustellen, wieweit sie sinnvoll sind. Meist beziehen sich die Betitelungen auf kompositorische Eigenheiten; wie zum Beispiel bei der »Symphonie mit dem Paukenschlag«, von der schon die Rede war (s. S. 37).

Unter Haydns Frühwerken befinden sich drei Symphonien, die zusammengehören und einen programmatischen Titel von ihm selbst erhielten: 1761 schrieb er für Esterhaz »Le Matin«, »Le Midi« und »Le Soir«, von denen die Mittags-Symphonie ein veritables Concerto grosso ist. Über den letzten Satz der Abend-Symphonie schrieb Haydn: »La Tempesta« (Der Sturm).

Alle übrigen Sondernamen wurden von Verlegern und Musikliebhabern erfunden. Es handelt sich um folgende Werke, die nach Hobokens Thematisch-Bibliographischem Werkverzeichnis, das mit der Gesamtausgabe von Breitkopf und Härtel übereinstimmt, angeordnet sind:

Symphonien:

Nr. 22 in Es-Dur (1764) *Der Philosoph.* Wahrscheinlich hat der eigentümlich versponnene Klang diesem Werk seinen Namen eingetragen; außer dem Streichkörper sind in dieser Symphonie nur noch zwei Englischhörner und zwei Waldhörner zu hören.

Nr. 26 in d-Moll (1765) *Lamentatione,* hin und wieder auch »Weihnachts-Symphonie« genannt. Dem ersten und zweiten Satz liegen Motive aus dem Gregorianischen Choral zugrunde, auf die die Lamentationen der Karwoche gesungen werden.

Nr. 30 in C-Dur (1765) *Alleluja.* Auch hier sind im ersten Satz die Oster-Motive des Gregorianischen Chorals, auf die das Alleluja gesungen wird, enthalten.

Nr. 31 in D-Dur (1765) *Mit dem Hornsignal* oder *Auf dem Anstand.* Die Hörner sind in diesem Stück vierfach besetzt. Ein Nimrod, der die Musik so liebte wie Haydn die Jagd, hat festgestellt, daß ein Hornmotiv des ersten Satzes ein altes südungarisch-kroatisch-rumänisches Signal ist, das noch auf Tierhörnern geblasen wurde. Der zweite Titel ist verfehlt, denn die Jagd vom Anstand aus ist die »stille« Jagd, die kein Signal zuläßt.

Nr. 43 in Es-Dur (vor 1772) *Merkur.* Diese Bezeichnung kam etwa 1840 auf; man weiß weder, warum diese Symphonie so heißt, noch wer ihr diesen Namen verliehen hat.

Nr. 44 in e-Moll (vor 1772) *Trauer-Symphonie*

heißt wahrscheinlich deshalb so, weil ihr dritter Satz, ein Adagio, bei einer Totenfeier für Haydn in Berlin im September 1809 gespielt wurde. Ein Freund Haydns nannte sie wegen eines Kanons im Menuett »Kanon-Symphonie«.

Nr. 45 in fis-Moll (1772) *Abschieds-Symphonie.* Eine der Geschichten, die über dieses Werk im Schwange sind, hat Chris Stadtlaender in dem Haydn-Büchlein »Sinfonia domestica« nacherzählt. Allerdings ist keinesfalls erwiesen, daß sich die Geschichte so, wie sie die Allgemeine Musikalische Zeitung 1799 ganz ähnlich erzählte, auch zugetragen hat. Ein Wiener Blättchen wußte 1787 zu berichten, daß die Musiker in Esterhaz mit den Hausoffizieren in Streit geraten seien und vom Fürsten entlassen werden sollten. Durch diese Symphonie habe es Haydn fertig gebracht, den erzürnten Fürsten gnädig zu stimmen und die Entlassung zurückzunehmen. Dazu paßt die Feststellung, daß Haydn im Trio des Menuetts ein Thema aus einem Divertimento zitiert, allwo unter diesem Thema steht: »incipit lamentatio.« Sollte aber die von Pohl und Chris Stadtlaender wiedergegebene Geschichte zutreffen, so müßte die Symphonie doch eher »Das Urlaubsgesuch« heißen.

Nr. 48 in C-Dur (1773?) *Maria Theresia* genannt, weil die Kaiserin aus Neugierde einmal das neue prächtige Schloß des Fürsten Nikolaus besichtigen wollte, das dieser an der unwirtlichsten Stelle des Neusiedler Sees nach Versailler Vorbild im hochbarocken Stile hatte errichten lassen. Abends wurde die Majestät mit einem Konzert der fürstlichen Kapelle überrascht, in dem diese Symphonie erklang. Haydn erhielt von der Kaiserin eine mit Dukaten gefüllte Schnupftabaksdose als Zeichen gnädiger Anerkennung.

Nr. 49 in f-Moll (1768) *La Passione.* Sie soll auf einem Trauerfall beruhen, der Haydn besonders nahe ging. Verschiedene Abschriften der Partitur tragen den Vermerk »Il Quakuo di bel'humore«; noch niemanden ist es gelungen, diese komischen Worte zu enträtseln.

Nr. 53 in D-Dur (1775?) *L'Impériale.* Sie machte Haydn international berühmt. Der Name ist schwer zu erklären; möglicherweise hat Haydn im Andante eine französische Chanson dieses Namens benutzt. Übrigens taucht die gleiche Melodie noch einmal in Haydns Flötenuhr-Stücken auf.

Nr. 55 in Es-Dur (1774) *Der Schulmeister.* Angeblich soll der gemessene Gang der Musik ihr den Namen gegeben haben. Das kann sich jedoch nur auf das »Adagio, ma semplicemente« beziehen, denn die anderen Sätze geben sich sehr hurtig.

Nr. 59 in A-Dur (1769) *Feuer-Symphonie.* Früher hat man angenommen, diese Symphonie hätte als Zwischenmusik für ein Schauspiel »Die Feuersbrunst« gedient. Nunmehr ist nachgewiesen, daß dies aus zeitlichen Gründen höchst unwahrscheinlich ist.

Nr. 60 in C-Dur (1775) *Il distratto* (Der Zerstreute). Eigentlich gar keine Symphonie, sondern die Musik zu einem Schauspiel von J. François Regnard, das »Le distrait« hieß. Daher die sechs Sätze, die wohl als Zwischenakt-Musik gedacht waren. Haydn nannte das Ganze später »einen alten Schmarrn«. Im langsamen Satz hat er ein altes Trinklied »Im Wirtshaus weiß ich Trost und Rat« aus Frankreich verwendet.

Nr. 63 in C-Dur (1777) *La Roxolane.* Es gibt zwei Erklärungen für diese Bezeichnung. Im Entstehungsjahr dieser Symphonie wurde in Esterhaz ein Türkenstück gespielt, in welchem die weibliche Hauptperson Roxelane hieß. Andererseits wird behauptet, das Thema des zweiten (langsamen) Satzes sei eine französische Romanze dieses Namens. Der erste Satz diente in erweiterter Form als Ouvertüre zu Haydns Oper »Il Mondo della Luna«.

Nr. 69 in C-Dur (1778/79) *Loudon.* Haydn allerdings schreibt den Namen jenes volkstümlichen österreichischen Feldmarschalls, des Siegers von Belgrad, hartnäckig »Laudon«. Mit der Verquickung von Symphonie und hohem Militär muß Haydn einverstanden gewesen sein, wenn er anläßlich der Herausgabe eines Klavier-Auszuges an seinen Verleger Artaria schreibt:

»Übersende unterdessen Euer Wohledlen die Sinfonie, welche so voller Fehler war, daß man den Kerl, so es geschrieben, die

Bratze abhauen sollte. Das letzte oder 4te Stück dieser Sinfonie ist für das Klavier nicht practicabel: ich finde es auch (nicht) für nöthig, dasselbe beizudrucken: das Wort Laudon wird zur Beförderung des Verkaufs mehr als zehen Finale beytragen.«

Man ersieht hieraus: Haydn verstand auch etwas vom Geschäft!

Nr. 73 in D-Dur (1781?) *La chasse.* Hat ihren Namen vom letzten Satz mit dem französischen Jagdsignal »l'ancienne vue«. Dieses Presto wurde auch als Ouvertüre zu Haydns Oper »La Fedeltà premiata« (Belohnte Treue) verwendet, in der die Göttin der Jagd, Diana, persönlich auftritt.

Nr. 82 in C-Dur (1786) *L'ours* (Der Bär). Diese und die nächsten fünf werden als »Pariser Symphonien« zusammengefaßt, weil sie 1784 von den Direktoren des »Concert de la Loge Olympique« bestellt wurden. Die erste wurde schon 1812 »L'ours« genannt, wohl wegen ihres letzten Satzes, den der alte Lexigraph Gerber einen Bärentanz nennt.

Nr. 83 in G-Dur *La Poule* (Das Huhn). Die Musik-Liebhaber pflegen alle Motive und Themen, die aus mehrfacher Tonwiederholung im staccato bestehen, als Hühner-Gegacker zu empfinden; die Ahnenreihe solcher Stücke geht bis auf Antonio Scandello (1517–1580) zurück (»Ein Hennlein weiß«).

Nr. 85 in B-Dur (1785/86) *La Reine de France* (Die Königin von Frankreich). Aus unerfindlichen Gründen von einem französischen Verleger

(Imbault) erstmals so genannt. Die Romanze, der zweite Satz, geht auf ein französisches Liedchen zurück »La gentille et jeune Lisette«.

Nr. 92 in G-Dur (1788?) *Oxford.* Soll anläßlich der Doktor-Promotion Haydns in einem damit verbundenen Festkonzert in Oxford gespielt worden sein, was dieses herrliche Stück durchaus verdient hätte.

Die Symphonien Nr. 93–104 waren für die von J. P. Salomon durchgeführten Londoner Konzerte bestimmt, in denen Haydn jedesmal die Uraufführung selbst leitete. Diese letzten 12 Orchesterwerke sind die Krönung des Haydnschen Symphonieschaffens; ein Stück ist schöner als das andere; mit besonderen Namen werden ausgezeichnet:

Nr. 94 in G-Dur (1791) *Mit dem Paukenschlag* (The Surprise) (s. Seite 37), sie ist die dritte Londoner Symphonie.

Nr. 96 in D-Dur (1791) *The Miracle* (Das Wunder). Ist die sechste Londoner. Angeblich ist bei der Uraufführung der Kronleuchter ins Parkett hinuntergefallen, hat aber niemanden verletzt, weil die Konzertbesucher alle vorne an der Rampe standen, um den berühmten Haydn aus der Nähe zu sehen. Der alte Haydn konnte sich jedoch dieses Vorfalls nicht erinnern, und die neuere Musikwissenschaft nimmt an, daß jenes Geschehnis sich bei der Uraufführung der Symphonie Nr. 102 zugetragen hat.

Nr. 100 in G-Dur (1794) *Militär.* Wurde auch die

»Türkische« genannt, denn im zweiten Satz sind neben der Pauke noch Große Trommel, Becken und Triangel zu hören. Eine solche Schlagzeug-Besetzung galt damals als »türkische Musik«, ein unüberhörbarer Nachklang der Türkenkriege, der die Feinde bis vor die Tore von Wien führte. Die Fanfaren des zweiten Satzes sind das Signal »Parade-Post« der österreichischen Kavallerie.

Nr. 101 in D-Dur (1794) *The Clock* (Die Uhr). Von den Musikliebhabern so getauft, weil die Mittelstimmen im zweiten Satz, einem Andante, einen zweistimmigen Achtel-Rhythmus zu spielen haben, der an das »Tick-Tack« einer Uhr erinnert.

Nr. 103 in Es-Dur (1795) *Mit dem Paukenwirbel.* Ein reiner Merk-Name, denn der Paukenwirbel bestreitet gleich den ersten Takt der Adagio-Einleitung.

Streichquartette:

Den Streichquartetten Haydns erging es ähnlich wie den Symphonien. Ihre Vielzahl und die unsystematische Anordnung in den gebräuchlichen Ausgaben erschweren die Übersicht, und so halfen sich die Streichquartett-Spieler und Musikliebhaber, indem sie verschiedene Werke charakteristisch benamsten.

Der alte Haydn hat die ersten 18 Werke für zwei Violinen, »Taille et basse obligée« – so wurden in den damaligen Druckausgaben Bratsche und Violoncello oft genannt – nicht als Streichquartette gelten lassen wollen. Sie erschienen seinerzeit unter den

Titeln: Symphonie, Divertimento oder Cassation. Diese Anfangswerke waren echte Hausmusik. Haydn schrieb die ersten davon auf Schloß Weinzierl bei Wieselburg in Nieder-Österreich. Er weilte damals als Gast bei Karl Joseph von Fürnberg und schrieb hier für den Herrn Pfarrer, den Gutsverwalter und den Violoncellisten, der auf den – Musikliebhabern wohl bekannten – Namen Albrechtsberger hörte, vierstimmige Instrumentalstücke, bei denen er selbst auch mitspielte. Sie sind heute als op. 1, 2 und 3 bekannt, bestehen aus je 6 Quartetten und enthalten die berühmte »Serenade«, bei der die erste Geige solo und die übrigen drei Instrumente pizzicato spielen (op. 3 Nr. 5).

Der Brauch, immer sechs Instrumentalwerke zu einem Opus zu vereinen, stammt noch aus der Barockzeit und reicht bis zu Beethoven, dessen opus 18 ebenfalls aus sechs Quartetten besteht.

Die vierte Sechsergruppe Haydns ist das op. 9: Vom Verleger wurde sie einem Herrn Stolkert in Paramaribo (holländisch Guyana) zugeeignet. Man sieht, wie weit Haydns Ruhm 1771 schon reichte!

Die fünfte Sechsergruppe trägt die Opuszahl 17. Man sollte sie »Neuwirth-Quartette« nennen, denn diese Wiener Familie besaß die Urschrift. Haydn spielte im Hausquartett bei Neuwirths die Bratsche.

Die nächste Quartettserie, op. 20, ist Nicolaus Zmeskall von Domanovetz gewidmet, der Violoncello spielte, kurzsichtig war und später einer der treuesten Freunde Beethovens wurde. Seine spielerischen Qualitäten berücksichtigte Haydn im zweiten Quartett dieser Reihe, das mit einem Violoncello-Solo beginnt, und mit dem Menuett-Trio von Nr. 4, in welchem das Violoncello wiederum solo spielt. Dieses op. 20 ist unter dem Namen *Sonnenquartette* bekannt, weil der Hummelsche Verlag in Berlin das Titelblatt oben mit einer Sonne schmückte.

Die Sechser-Reihe op. 33 trägt gleich zwei gebräuchliche Namen: *Russische* oder *Jungfern-Quartette*. Die letzte Bezeichnung leitet sich wiederum von einem Titelblatt her, das einen der damals so beliebten Säulenstümpfe zeigte; davor eine weibliche Gestalt: die Jungfer. Russisch werden sie genannt, weil der Verleger dieses Werk dem Großfürsten Pavel Petrovitsch widmete, der zur Entstehungszeit der Quartette gerade in Wien weilte und hier Privatkonzerte veranstaltete, in denen ein Werk aus diesem Zyklus gespielt wurde. Bei der Drucklegung war der Großfürst – inzwischen zum Zar gekrönt – bereits gestorben. Das dritte Stück dieser Reihe wird wegen einzelner »zwitschernder« Stellen *Vogel-Quartett* genannt.

Die sechs Quartette op. 50 heißen *preußische*, weil sie dem Violoncello spielenden Friedrich Wilhelm II. von Preußen gewidmet sind. In vielen Büchern steht, Haydn hätte vom König dafür einen kostbaren Ring bekommen; es ist aber gerade umgekehrt: Haydn hatte den Ring schon vorher für 6 übersandte Symphonien bekommen, fühlte sich dem König verpflichtet und widmete – gegen den Willen des Erst-Verlegers – die Quartette der preußischen Majestät. Das letzte Stück dieser Reihe ist das wegen der reichlich angewandten sogenannten Bariolage im letzten Satz benannte *Frosch-Quartett*.

Haydn beginnt nunmehr die Zahl Sechs zu halbieren; unter der Opusnummer 54 erscheinen nur drei Quartette; ebenso verfährt er bei op. 55. Im letztgenannten Werk befindet sich jenes f-Moll-Quartett, dessen Urschrift er in Esterhaz gegen ein englisches Rasiermesser tauschte, das ihm der englische Verleger Bland geschenkt hatte.

Opus 64 besteht dann wieder aus sechs Quartetten. Sie sind in einer der ersten Druckausgaben dem Großhändler Tost gewidmet, der ein ausgezeichneter Geiger war, und werden deshalb *Tost-Quartette* genannt. Das erste dieser Serie ist das bekannte *Lerchen-Quartett*, wohl nach der sich aufschwingenden Anfangs-Melodie der ersten Geige so getauft.

Opus 71 und 74 bestehen wiederum nur aus drei Werken. Sie sind dem Grafen Appony gewidmet und tragen dessen Namen. Das Schlußstück von op. 74 wird *Reiter-Quartett* genannt nach den temperamentgeladenen Rhythmen des Schlußsatzes. Der langsame Satz in E-Dur wird bei feierlichen Gelegenheiten besonders gern gespielt und erlebte als »Favorit-Stück«, wie man seinerzeit sagte, die unglaublichsten Verballhornungen. Ein Album aus dem Jahre 1864 zeigt als Titelblatt, mit dem Motto: «J'ai peur de marcher dans la vie», Olympe, eine pathetische Dame in einem schwarzen Seidenkleid mit einem schwarzen Tuch um Kopf und Schultern und einer Camée-Brosche – als Illustration zu Haydns Largo assai!

Die nächsten sechs Quartette op. 76 sind dem Grafen Erdödy gewidmet. Das zweite Werk dieser Reihe wird wegen des ersten Themas im Anfangssatze *Quinten-Quartett* genannt. Sein Menuett, ein zweistimmiger Kanon in Oktaven, ist das »Hexen-Menuett«. Andere haben es »Nachtwächter-Menuett«

getauft; es kommt dabei wohl auch etwas auf den Vortrag an.

Die letzten beiden vollendeten Quartette tragen die Opusnummer 77, zwei meisterliche Werke ohne besondere Beinamen. Der dritte Satz des zweiten Quartetts in F-Dur wurde vom Florentiner Quartett, Ende vorigen Jahrhunderts, als »La Marche« einzeln gespielt.

Das Ochsenmenuett

Eine ungeklärte Angelegenheit. Haydn soll für die Heirat der Tochter eines Metzgermeisters dieses Stück geschrieben haben, wofür sich dieser mit einem schön bekränzten Ochsen revanchierte. Eine Druckausgabe dieses Menuetts zeigt den Vorgang im Bilde: Haydn schaut in Gumpendorf zum Fenster heraus, und auf der Straße stehen Metzgermeister, Ochs und vier Musikanten mit Klarinetten und Hörnern inmitten eines Knäuels von Schaulustigen. Eine amerikanische Ausgabe zeigt ein Ochsenpaar, das miteinander tanzt. Niemand weiß, woher die Geschichte, und ob dieses Stück überhaupt von Haydn stammt. Sie hat sich hartnäckig gehalten und noch als Unterlage für die bekannte Reger-Anekdote gedient, wie nach dem Vortrag des Forellen-Quintetts Reger von einer Verehrerin Forellen geschickt bekommt und in seinem Dankesbrief damit droht, das nächste Mal das Ochsen-Menuett aufzuführen.

Die Haydn-Variationen von Johannes Brahms

Eines der beliebtesten Orchesterstücke von Johannes Brahms sind die *Variationen über ein Thema von Joseph Haydn* op. 56a aus dem Jahre 1873. Was Brahms bei dem damaligen Stand der Musikforschung nicht wissen konnte, ist die Tatsache, daß es keineswegs feststeht, ob die sechs »Feldpartien«, die Haydn angeblich im Auftrag des Fürsten Paul Anton II. von Esterhazy für Bläser geschrieben haben soll, wirklich von ihm stammen. Der Komponist dieser Bläsermusiken hat dreimal – offensichtlich auf Wunsch des Fürsten – fremde Melodien in diese Feldpartien verwoben; eine davon ist »Chorale: St. Antoni«, was Brahms in seiner Partitur ausdrücklich angibt. Und dieser St. Antoni-Choral ist möglicherweise ein ziemlich altes Wallfahrer-Lied. Von Haydn ist diese Melodie bestimmt nicht.

Auch bei

Wolfgang Amadeus Mozart

gibt es einige Werke, denen es eigenartig erging. Dazu gehört eines der beliebtesten Instrumentalwerke: *Die kleine Nachtmusik.* Jeder Kenner klassischer Musik weiß, daß eine Kammermusik oder eine Symphonie aus Mozarts reifer Zeit vier Sätze hat. Serenaden und Divertimenti haben mehr Sätze, mindestens jedoch fünf. Die kleine Nachtmusik hat jedoch nur vier, obwohl sie eindeutig zu der zweiten Gruppe gehört. In dem »eigenhändigen Verzeichnüß« seiner Werke, das Mozart im Februar 1784 begann und in das er alle wesentlichen Werke sehr gewissenhaft eintrug, steht (1787):

»Den 10ten August.

Eine kleine NachtMusick, bestehend in einem Allegro, Menuett und Trio. – Romance. Menuett und Trio, und Finale. – 2 violini, viola e bassi.«

Also hat die Nachtmusik zwei Menuette gehabt, und das erste ist von unberufener Hand daraus entfernt worden und bis heute nicht wieder zum Vorschein gekommen.

Eines der beliebtesten Lieder Mozarts ist das bekannte *Schlafe, mein Prinzchen, schlaf ein.* Dieses Lied ist mit Bestimmtheit *nicht* von Mozart; noch nicht einmal seine Witwe hat das behauptet, als sie den Nachlaß ihres Mannes an Verleger verkaufte. Der Komponist war ein Berliner Arzt: Bernhard Fließ. Er wählte sich einen Text aus dem Schauspiel »Esther« von Friedrich Wilhelm Gotter, einem Mitglied des Göttinger Haines. In diesem Lustspiel in Alexandrinern singt die Sklavin Fatme das Liedchen. Es kann schon deshalb nicht von Mozart sein, weil das Gottersche Lustspiel 1795 erstmalig über die Bühne ging, zu einem Zeitpunkt, wo Mozart schon vier Jahre nicht mehr auf Erden weilte.

Ein besonders hoch geschätztes Werk der Mozartschen Kammermusik mit Klavier ist das *Trio in Es-Dur für Klavier, Klarinette und Viola* K. V. 498, das Mozart für die ihm so wohlgesonnene Familie

Musikalischer Spafs

für

zwei Violinen, Bratsche, zwei Hörner und Bass

geschrieben in Wien den 14ten Juny 1787.

von

W. A. MOZART

93tes Werk.

(Köchel Verz. No 522.)

JOHANN ANDRÉ, OFFENBACH a/Main.

des Botanikers Joseph Franz von Jaquin in Wien schrieb. Die Tochter Franziska spielte Klavier, Mozarts etwas leichtsinniger Freund und Logenbruder Anton Stadler, wohl der beste Klarinettist seiner Zeit, übernahm die Klarinette, während Mozart wahrscheinlich die Bratschenstimme selbst ausführte. Diese herrliche Hausmusik wird *Kegelstatt-Trio* genannt; sie soll während des Kegelspiels kompo-

niert worden sein. Bei der Qualität dieses kunstvollen, meisterlichen Werks erscheint das ausgeschlossen. Außerdem hätte Mozart mehrere Kegelabende gebraucht, um auch nur die reine Schreib-Arbeit zu leisten. Wahrscheinlich liegt eine Verwechslung mit den zwölf *Duos für Hörner* vor (K. V. Nr. 487), deren Autograph den Vermerk trägt: »Di Wolfgang Amadé Mozart mp. Wien den 27t Julius 1786 untern Kegelscheiben.«
Ein musikantischer Ulk, den Mozart ein Jahr später in heiterster Laune aufs Papier warf, ist arg mißverstanden worden. Es handelt sich um ein viersätziges Stück, das Mozart folgendermaßen in sein »Verzeichnüß« eintrug: *»Ein musikalischer Spass;* bestehend in einem Allegro, Menuett und Trio, Adagio, und Finale. – 2 violini, viola, 2 corni e basso.« Dieses Stück taufte man »Dorfmusikanten-Sextett«. Es handelt sich jedoch nicht nur um die Verspottung schlechter Spieler, sondern in erster Linie um die Verhohnepipelung eines stümperhaften Komponisten. Es ist auch kein Kammermusikwerk (»Sextett«), sondern eine Symphonie, die mit Streichern und zwei Hörnern besetzt ist. Das geht aus einer doppelten Violinstimme hervor, die sich bei der Urschrift befand. Dereinst im Besitze Schuberts, ist sie heute leider verschollen.
Mozarts letzte Symphonie in C-Dur (KV. Nr. 551) wird *Jupiter-Symphonie* genannt. Diese Bezeichnung ist ein Beispiel dafür, was alles nachgeschwätzt wird, auch wenn es nicht den mindesten Sinn ergibt. Was hat dieses Stück mit dem altrömischen Himmels-Gott oder unserem größten Planeten zu tun? Beim besten Willen sind keine Zusammenhänge aufzudecken. Man

weiß noch nicht einmal, wer den sinnlosen Namen erfunden hat. Andere nennen sie »Symphonie der Schlußfuge«; auch das ist Unsinn, denn ihr letzter Satz ist nun einmal keine Fuge.

Ludwig van Beethoven

Um mit den

Klaviersonaten

zu beginnen, die von den noch in Bonn entstandenen Kurfürsten-Sonaten bis zu seinem op. 111 Marksteine seiner kompositorischen Entwicklung sind: nur zwei von ihnen haben von Beethoven zusätzlich Bezeichnungen erhalten. Alle anderen Namen sind später hinzu erfunden.

WoO 47 Diese Sonaten (Es-Dur, f-Moll, D-Dur) werden *Kurfürsten-Sonaten* genannt, weil sie dem Erzbischof Maximilian Friedrich, Kurfürsten von Köln, gewidmet sind. Sie wurden 1783 gedruckt; auf dem Titelblatt stand: »verfertiget von Ludwig van Beethoven, alt eilf Jahr.« (Er war aber schon dreizehn Jahre alt.)

op. 13 in c-Moll (1798–99). Der Komponist hatte sie in der ersten Druckausgabe *Grande Sonate pathétique* genannt; dieser Titel stammt also wirklich von ihm selber oder er billigte zumindest diese Bezeichnung, die vom musikalischen Inhalt bestätigt wird.

op. 14 in E-Dur und G-Dur. Die erste Sonate hat Beethoven kurz nach ihrer Veröffentlichung zum Streichquartett umgearbeitet, worauf er sehr stolz war: »das macht mir so leicht nicht ein anderer nach...«. Trotzdem ist dieser Bearbeitung der Erfolg, im Konzertsaal zumindest, versagt geblieben.

op. 26 in As-Dur (1800–01). Auch diese Sonate erschien als *Grande Sonate pour le Clavecin ou Fortepiano* und ist bemerkenswert durch ihren dritten Satz, über dem steht: »Marcia funebre sulla morte d'un Eroe.« Natürlich zerbricht man sich den Kopf, wer dieser Held war, für den Beethoven den Trauermarsch schrieb. Die Antwort kann sehr wohl »Achilles« heißen, denn nach dem Zeugnis von Karl Czerny, der Beethovens Schüler war, diente dabei als Modell ein Trauermarsch aus der Oper »Achilles« von Ferdinand Paer, welcher zu dieser Zeit in Wien Furore machte.

op. 27 Nr. 2 in cis-Moll (1801) *Mondschein-Sonate* (s. Seite 57).

op. 53 in C-Dur (1803–04) *Waldstein-Sonate* (s. Seite 68).

op. 57 in f-Moll (1804–05) *Appassionata* genannt. Dieser Name tauchte erstmalig bei einem Hamburger Verleger auf, der 1838 das Werk in einer Bearbeitung für

Klavier zu vier Händen (!) herausgab. Beethoven hat mit dieser Bezeichnung nichts zu tun.

op. 79 in G-Dur (1809). Beethoven wünschte, daß sie als *Sonate facile* oder »Sonatine« erscheinen sollte, denn sie hebt sich durch leichte Spielbarkeit und schlichte Tonsprache von den benachbarten Sonaten auffallend ab.

op. 81a in Es-Dur (1809–10), meist *Les Adieux* genannt. Es ist die einzige Klavier-Sonate, die ein Programm bietet. Die drei Sätze sind überschrieben »Das Lebewohl – Abwesenheit – Das Wiedersehen«. Das Ganze ist weniger ein programmatisch ernst zu nehmender Versuch als vielmehr eine Aufmerksamkeit gegenüber seinem kaiserlichen Schüler und Freund, dem Erzherzog Rudolph von Österreich, dem die Sonate gewidmet ist. Der Anlaß war die Flucht der kaiserlichen Familie von Wien nach Ofen, als die französischen Truppen auf Wien vorrückten. Als Kuriosum sei vermerkt, daß der Komponist ausdrücklich wünschte, daß die Satzbezeichnungen französisch *und* deutsch erschienen. Der Verlag Breitkopf und Härtel hielt die französischen Satztitel für attraktiver und veranstaltete eine kleine deutsche und eine umfangreiche französische Auflage. Von der letzteren rühren die noch heute gebräuchlichen Satzüberschriften her: Les adieux, l'absence, le retour.

op. 90 in e-Moll (1814) ist dem Grafen Moritz Lichnowsky gewidmet und soll nach Auskunft des fabulierlustigen Anton Schindler die Liebesgeschichte des Grafen darstellen, der sich nach dem Tode seiner Gattin in eine Sängerin verliebte, sie aber wegen des Widerstandes seiner gräflichen Familie erst 1816 ehelichen konnte. Auf diese Auslegung kam der Graf selbst. Auf sein Befragen deutete Beethoven an, daß der erste Satz, »Mit Lebhaftigkeit und durchaus mit Empfindung und Ausdruck«, den Kampf zwischen Kopf und Herz ausdrücke, während der zweite, »Nicht zu geschwind und sehr singbar vorgetragen«, eine Konversation mit der Geliebten sei. Wahrheit? Dichtung? Ironie?

op. 106 in B-Dur (1817–18) *Große Sonate für das Hammerklavier.* Bei dieser, dem Erzherzog Rudolph gewidmeten Sonate nahm man an, Beethoven habe sich endgültig entschieden, für das moderne Klavier zu schreiben, oder er suche mit der Bezeichnung zu verhindern, daß gerade dieses Werk auf dem Cembalo oder Clavichord gespielt werde. Die Wahrheit ist die, daß Beethoven, im deutschtümelnden Eifer jener Jahre, das Wort *Pianoforte* durch eine treffende deutsche Bezeichnung ersetzen wollte. An seinen Verleger schrieb er: »... in betreff des

Titels ist ein Sprachkundiger zu befragen, ob Hammer- oder Hämmer-Klavier oder auch Hämmerflügel zu setzen.« Und kurz darauf: »Hammerklavier ist sicher deutsch, ohnehin ist die Erfindung auch deutsch; gebt Ehre dem Ehre gebührt.« Diese Anweisungen beziehen sich aber gar nicht auf diese, sondern schon auf die vorausgehende Sonate op. 101 in A-Dur.

Bei den

STREICHQUARTETTEN

sind die Namen *Komplimentier-Quartett* für op. 18 Nr. 2 in G-Dur und *Harfen-Quartett* für op. 74 in Es-Dur in späterer Zeit erfunden worden. Rätselhaft ist die Überschrift »La Malinconia« für die Einleitung des letzten Satzes von op. 18 Nr. 6 geblieben.
Im *Streichquartett in B-Dur op. 130* tragen zwei Sätze ungewöhnliche Überschriften. Der vierte Satz »Alla danza tedesca« ist ein deutscher Schnellwalzer und sollte ursprünglich – nach A-Dur transponiert – im Streichquartett a-Moll op. 132 seinen Platz finden. Der fünfte Satz des B-Dur-Quartetts »Cavatina« ist ein Violin-Solo mit Streichtrio-Begleitung und wurde von Beethoven selbst sehr geliebt; er meinte, selbst das Zurückempfinden dieses Stückes koste ihn immer eine Träne.
Der figurierte Choral, der dritte Satz des *Quartetts in a-Moll op. 132*, mit der Überschrift »Heiliger Dankgesang eines Genesenen an die Gottheit in der lidischen Tonart«, hat von Beethoven den Nb.-Zusatz

erhalten »nie wie gewöhnlich b«. Die lydische Tonart ist das mittelalterliche Tongeschlecht, das mit dem Ton F beginnend eine Tonreihe aufbaut, in der der Halbtonschritt zwischen dem 4. und 5. Ton erfolgt und nicht wie bei F-Dur zwischen dem dritten und vierten. Es ist also gleichsam F-Dur mit dem Ton H. – Der programmatische Titel rührt von einer schweren Krankheit her, die der Komponist im April des Jahres 1825 überstanden hatte. Der in zwei Varianten gesteigerte Choral wird zweimal durch ein kontrastierendes Sätzchen unterbrochen, das Beethoven mit »Neue Kraft fühlend« überschrieb.
Erstaunlich bleibt die Tatsache, daß kein Verleger das einzige Streichquartett, dem Beethoven selbst eine charakteristische Bezeichnung gab, mit seinem ursprünglichen Titel veröffentlichte, nämlich das in f-Moll op. 95. Er schrieb es, nachdem seine Werbung um Therese von Malfatti abgewiesen worden war, und widmete es seinem langjährigen und besten Freunde Zmeskall von Domanowecz. Er nannte es *Quartetto serioso*, also »ernstes Quartett«.

Von den

Klavier-Trios

ist das für Pianoforte, Klarinette und Violoncello in B-Dur op. 11 als *Gassenhauer-Trio* bekannt, vielleicht, weil die Melodie des Variations-Themas an das Kneiplied »Wir sind die Sänger von Finsterwalde« erinnert. Dieses ist jedoch sicher jüngeren Ursprungs und weicht schon im Auftakt vom Thema der Variationen ab. In Wirklichkeit ist dieses das Schluß-Allegretto des Terzetts »Pria ch'io l'impegno«, aus der komischen Oper »L'amor marinaro« (Der Korsar) von Joseph Weigl, die 1797 im Wiener Hoftheater uraufgeführt wurde. Diese Opern-Melodie wurde ein »Schlager«; noch 30 Jahre nach Beethovens Komposition (1828) benutzte Paganini sie für eine »Sonata con variazioni« für Violine und Orchester.

Das Trio in D-Dur op. 70 Nr. 1 wird wegen seines weltentrückten langsamen Satzes *Geister-Trio* genannt. Das andere »Trio op. 70 Nr. 2 in Es-Dur« nennen die Musikliebhaber den *Erzbischof.* Beide Werke wurden der Gräfin Marie Erdödy gewidmet, bei der Beethoven damals wohnte, bis er sich eines Tages mit ihr überwarf. Da hätte er die Trios lieber dem Erzbischof Rudolf, dem späteren Kardinal-Erzbischof von Olmütz, zugeeignet. Das geht aus folgender Briefstelle an den Verleger hervor:

»...hier nur was mir der Trios wegen noch einfällt, erstens wenn der Titel noch nicht fertig wünschte ich, sie machten die Dedication nur gerade an den Erzherzog Rudolf; ich habe einigemal bemerkt, daß eben wenn ich andern etwas widme, und er das Werk liebt, ein kleines Leidwesen sich seiner bemächtigt, diese Trios hat er sehr liebgewonnen, es würde ihn daher wohl wieder schmerzen, wenn die Zuschrift an jemand andern ist...«

Möglicherweise haben einige Beethoven-Verehrer gewußt, daß der künftige Erzbischof beide Trios sehr liebte und das zweite nach ihm benannt.

Zur bevorstehenden feierlichen Inthronisation des Erzherzogs Rudolf als Erzbischof von Olmütz entwarf Beethoven die *Missa solemnis.* Sie wurde allerdings zum Festakt nicht fertig; er brauchte über vier Jahre zur Niederschrift. Eigenartig ist das Aufführungs-

Schicksal der Messe. In einem Konzert Beethovens zu Wien erklangen 1824 nur einzelne Bruchstücke. Die erste vollständige Wiedergabe erfolgte im gleichen Jahr – in Petersburg. Die erste vollständige Aufführung in Österreich aber machte ein Schullehrer in dem kleinen Ort Warnsdorf, 25 km westlich von Zittau, nahe der sächsischen Grenze, drei Jahre nach Beethovens Tod.

Am 27. April 1810 komponierte Beethoven ein Klavierstück, das unter dem Titel *Für Elise* bekannt ist. Nun gibt es in Beethovens Lebensgeschichte keine nennenswerte Elise und das Entstehungsdatum des verschollenen Autographs läßt vermuten, daß der verdiente Beethoven-Forscher Ludwig Nohl, der das Original noch gesehen hat, hier ein Opfer der manchmal vollkommen unleserlichen Handschrift des großen Komponisten wurde. Das Stück wird höchstwahrscheinlich »Für Therese« geheißen haben, denn es fällt in die Zeit der Heiratsabsichten Beethovens (s. Seite 158).

Auch von dem *Gratulations-Menuett* wissen die wenigsten, wie es zu seinem Namen kam. Hier stimmt der Name voll und ganz; es wurde komponiert zum Namenstage des allseits beliebten Direktors des Josephstädter Theaters, Carl Friedrich Hensler, der am Vorabend seines Namenstages, nach der Theatervorstellung daselbst vom Personal geehrt wurde. Hinterher erhielt der Direktor von seinem Orchester ein Ständchen vor seinem Hause: Ouvertüren, ein Flötenkonzert und »endlich eine eigends für diesen Abend von Ludwig van Beethoven herrlich neu komponierte Symphonie... Wie schmeichelhaft die Auszeichnung dieses großen Tonsetzers für Hrn.

Hensler seyn kann, bedarf wohl keiner weiteren Erörterung«. So stand es 1822 in Bäuerles Theaterzeitung. (»Symphonie« war natürlich übertrieben!)
In Beethovens Klaviermusik gibt es noch einen merkwürdigen Titel, und den trägt ein Rondo: *Die Wut um den verlorenen Groschen ausgetobt in einer Caprice.* Man nimmt an, daß es sich um ein Erlebnis handelt, das der Komponist mit einem Geldstück hatte und das er dann in Noten anekdotisch festhielt. Das Stück fand man im Nachlaß vor, woraus geschlossen werden kann, daß er sich genierte, es zu seinen Lebzeiten zu veröffentlichen. Das erst gegen Ende des letzten Krieges in Amerika wiederentdeckte Autograph trug von Beethovens Hand den Vermerk »Leichte Kaprice«. Eingangs steht, ebenfalls in Beethovens Handschrift: »Alla ingherese./quasi un capriccio.« Dieses Werk erschien erst Januar 1828, also nach Beethovens Tod, in Druck und erhielt später die Opuszahl 129. Das Stück ist aber schon vor der Jahrhundertwende entstanden, also ein Werk aus der ersten Wiener Zeit; die hohe Opusziffer ist irreführend. In der ersten Druckausgabe hieß es: »Rondò a Capriccio per il Pianoforte solo.« Dazu eine Fußnote:
»Diese(s) unter L. v. Beethoven's Nachlasse vollendet vorgefundene Capriccio ist im Manuskripte folgender Massen betitelt: Die Wuth über den verlornen Groschen, ausgetobt in einer Caprice.«
Diese Bemerkung ist dem Manuskripte jedoch von fremder Hand beigefügt. Interessant bleibt, daß es das einzige Capriccio ist, das Beethoven schrieb. Sein ungarischer Charakter geht möglicherweise auf Haydn zurück, der Beethoven zuvor unterrichtet hatte

und sich in seinen Werken selbst gerne ungarischer Melismen und Rhythmen bediente.
Etwa zur gleichen Zeit entstand ein Stück mit einem seltsamen Titel, nämlich das *Duett mit zwei obligaten Augengläsern* für Bratsche und Violoncello. Es ist ein regelrechter Sonatensatz, ein Anfangs-Allegro, von einem viersätzig geplanten Kammermusikwerk. Nach der scherzhaften Betitelung hat man angenommen, das Ganze sei für *zwei* kurzsichtige Spieler bestimmt gewesen; dabei wurde übersehen, daß eine Brille zwei Gläser hat; also brauchte nur *ein* schwachsichtiger Spieler dabei beteiligt gewesen zu sein. Und dies war jener Nikolaus Zmeskall von Domanovecz, von dem schon mehrfach die Rede war. In einem Brief an ihn, etwa aus der Entstehungszeit des Duos, heißt es:
»Liebster Baron Dreckfahrer! Je vous suis bien obligé pour votre faiblesse de vos yeux.«
Da Beethoven im Bonner Orchester die Viola spielte, ist es durchaus möglich, daß er das Ganze, von dem Skizzen zu einem langsamen Satz und ein fertiges Menuett aufgefunden wurden, mit seinem Freunde Zmeskall selbst spielen wollte.
Beethoven sollte sich zweimal an sogenannten Sammelwerken beteiligen. Es handelte sich um die Kanzone *In questa tomba oscura.* Bei einer Abendgesellschaft im Jahre 1806 improvisierte die Gräfin Alexandria Rosalia Rzewuski am Klavier eine Ariette; der anwesende Dichter Giuseppe Carpani verfaßte sofort einen Text, und nun faßte die Gräfin den Plan, daß alle Komponisten, deren sie habhaft werden konnte, diesen Text vertonen sollten. 63 Vertonungen liefen dann auch bei ihr ein, und sie ließ

allesamt auf ihre Kosten bei einem Wiener Verleger stechen. Die Reihenfolge entsprach dem Datum der Einsendungen; bezeichnenderweise war Beethovens Beitrag der letzte, der 63.; ihm folgte unmittelbar ein »ungeschickter« Kupferstich, der die Titelvignette – einen Fichtenhain mit einem Grabmal, auf das eine ganz in Weiß gehüllte Frauengestalt zueilt – in unnatürlich gespreizter Darstellung wiederholt, worauf ein »Tempo di Menuetto«, erläutert als »spaßhafter Ausbruch von guter Laune auf Kosten Lullys«, folgte. Dieser Schluß-Effekt des Sammelbandes war mit »Parodia« überschrieben und verstimmte verschiedene beteiligte Komponisten. Salieri, Weigl und Beethoven wollten zuerst gemeinsam öffentlichen Einspruch erheben, ließen es dann aber schließlich bei einem geharnischten Protestschreiben an die Gräfin bewenden.

Diese ärgerliche Geschichte hatte Beethoven noch nicht vergessen, als 13 Jahre später der rührige Verleger Anton Diabelli mit einem ganz ähnlichen Vorhaben an ihn herantrat. Hier sollten 50 Komponisten über einen von Diabelli verfertigten Walzer je eine Variation schreiben. Beethoven gefiel schon das Thema nicht. Er nannte es einen Schusterfleck. Das ist ein terminus technicus, der besagt, daß hier keine Melodie logisch fortgesponnen wird, sondern ein Motiv durch Versetzung um einen Ton nach oben oder unten weitergeführt wird; also Fleck neben Fleck, Schusterarbeit. Dann aber entdeckte Beethoven den Humor an dieser Sache und meinte in seiner grimmigen Art: »Nun, der soll seine Schusterfleck-Variationen haben.« Er teilte Diabelli mit, er wolle sich zwar an dem Sammelwerk nicht beteiligen, er werde aber ein eigenes Variationswerk über das Thema schreiben. Diabelli ging auf dieses Angebot hocherfreut ein und nahm an, es würde sich um die in solchen Fällen üblichen sechs bis sieben Variationen handeln. Er erschrak daher nicht wenig, als er eines Tages den Komponisten besuchte und feststellen mußte, daß dieser bereits 21 Variationen geschrieben hatte und noch kein Ende abzusehen war. Er drang daher auf baldige Vollendung des Ganzen. Kaum war er gegangen, komponierte Beethoven jene merkwürdige 22. Variation, in welcher er den Anfang der ersten Szene des Mozartschen »Don Giovanni« mit dem Diabelli-Walzer konfrontiert. Das Diabellische Sammelwerk war längst erschienen, als Beethoven sein Werk mit einer Fuge und einem Menuett abschloß. Hans von Bülow nannte die »33 Veränderungen über einen Walzer von Diabelli«, Beethovens op. 120, den »Mikrokosmos des Beethovenschen Genius«.

Bleiben noch die

SYMPHONIEN.

Die erste Symphonie in C-Dur op. 21 ist seinem Gönner, dem Baron Gottfried van Swieten, gewidmet. Der Musikhistoriker Erich Schenk hat den Nachweis zu führen versucht, daß der erste, dritte und vierte Takt der langsamen Einleitung:

die Tonfolge B-A-C-H enthalte, und die Symphonie eine B-A-C-H-Symphonie sei. Sollte das Beethoven tatsächlich beabsichtigt haben, so würde es den seltsamen harmonischen Eingang eines C-Dur-Satzes erklären, der den Zeitgenossen so viel Kopfzerbrechen machte.

Die von der dritten Symphonie, der *Eroica*, erzählte Geschichte ist wohl allgemein bekannt. Sie war ursprünglich Napoleon zugedacht, doch als er von der Krönung des Korsen erfuhr, zerriß er das Titelblatt.

Die Bezeichnung *Schicksals-Symphonie* für die fünfte Symphonie in c-Moll op. 67 wird auf die angebliche Äußerung Beethovens über das Anfangs-Motiv zurückgeführt: »So klopft das Schicksal an die Pforten.« (Es gibt jedoch eine Textunterlegung, die über einen Schüler Anton Schindlers dem Verfasser indirekt übermittelt wurde und die Beethoven in späteren Jahren scherzhaft gebraucht haben soll. Sie läßt sich hier nicht wiedergeben und ist nur mit Goethes Götz-Zitat anzudeuten).

Die sechste Symphonie in F-Dur op. 68 wird allgemein *Pastorale* genannt. Dem Programmzettel der ersten Aufführung fügte Beethoven die Worte hinzu: »mehr Ausdruck der Empfindung als Mahlerey.« Der ursprüngliche Titel hieß »Erinnerung an das Landleben«. Der Inhalt der Symphonie ist jedem Leser bekannt; weniger verbreitet ist die Tatsache, daß die Anregung zu dieser »symphonischen Dichtung« möglicherweise von einem schwäbischen Komponisten namens Justin Heinrich Knecht ausgegangen ist. Auf der gleichen Seite einer Verlagsanzeige aus dem Jahre 1783 sind die drei Kurfürsten-Sonaten des damals 13jährigen Beethoven und eine Symphonie von Knecht angezeigt, von der es hieß »Das musikalische Porträt der Natur«. In der Erläuterung des Inhalts der einzelnen Sätze heißt es unter anderem:

»Der Himmel fängt plötzlich an dunkel zu werden; die ganze Umgebung hat Mühe zu atmen und ist erschreckt, die schwarzen Wolken steigen auf, die Winde beginnen großen Lärm zu machen, der Donner rollt von weitem, und das Gewitter naht mit langsamen Schritten.

Das Gewitter, begleitet von murrenden Winden und fallendem Regen, stürmt mit aller Macht; die Gipfel der Bäume machen ein murmelndes Geräusch, und der Strom rollt seine Gewässer mit entsetzlichem Lärmen.«

Später erscheint von demselben Knecht noch: »Die durch ein Donnerwetter unterbrochene Hirtenwonne, eine musikalische Schilderung auf der Orgel.« Zweifellos hat der junge Beethoven das zuerst angeführte Werk von Knecht gekannt. Zumindest das Programm. So stark können Jugendeindrücke nachwirken.

Eines der wenigen Rätsel, das uns

Franz Schubert

aufgegeben hat, ist sein volkstümlichstes Orchesterwerk, die Symphonie in h-Moll, die *Unvollendete*. Stets legen Fragmente die Frage nahe, aus welchen Gründen sie nicht zu Ende geführt wurden; das gilt insbesondere für die beiden herrlichen Symphoniesätze von Schubert. Es gibt Musikschriftsteller, die argumentieren: die beiden Sätze seien eben so schön, daß es Schubert damit genug sein ließ; mit anderen Worten: die fehlenden Sätze: Menuett-Scherzo und Finale, seien ganz überflüssig. Dem widersprechen Skizzen des Komponisten zu einem Scherzo, von dem 9 Partitur-Takte und ein Klavier-Entwurf für etwa 2 Drittel des ganzen dritten Satzes vorliegen. Schubert hatte also eine viersätzige Symphonie geplant.

Folgendes hatte sich ereignet: Anselm Hüttenbrenner, ein Freund und Studienkollege, lebte damals in Graz, wo er künstlerischer Direktor des Steiermärkischen Musik-Vereins war. Er hatte vorgeschlagen, Schubert zum Ehren-Mitglied dieser Gesellschaft zu ernennen. Anselm Hüttenbrenners Bruder Joseph überbrachte das Diplom dem damals kranken Schubert nach Wien, der ihm dafür zwei handschriftliche Sätze einer Symphonie aushändigte, sozusagen als Dank für die Ernennung. Was nun geschah, ist allerdings schwer zu begreifen: nach seiner Genesung hatte Schubert Verlegerwünsche zu erfüllen, viele Lieder und die Wanderer-Fantasie zu schreiben; die begonnene Symphonie kam ihm aus dem Sinn – kurz, sie geriet in Vergessenheit. Anselm Hüttenbrenner hat die beiden Symphonie-Sätze hoch geschätzt: er machte sich einen vierhändigen Klavier-Auszug davon, hätte jedoch nie gewagt, dieses Fragment aufzuführen, einfach aus dem Grunde, weil man damals noch keinen Sinn für Fragmente, für Torsos, hatte. Erst als der Dirigent Johann Herbeck, Hofkapellmeister in Wien, von Anselms Bruder Joseph 43 Jahre später auf diesen Schatz aufmerksam gemacht wurde, erklangen die beiden Sätze am 17. Dezember 1865 zum ersten Male im Konzertsaal.

Auch das melodienselige *Streichquintett in C-Dur* op. 163, das letzte Kammermusikwerk Schuberts, wurde erst 1850, also 22 Jahre nach der Niederschrift, von Joseph Hellmesberger öffentlich aufgeführt. Die Drucklegung erfolgte erst drei Jahre später. Der Komponist hat das herrliche Werk selbst nie gehört.

Das *Forellen-Quintett* und das Streichquartett in d-Moll, das pars pro toto als *Der Tod und das Mädchen* bekannt ist, werden nach den Lied-Themen benannt, die Schubert in beiden Werken variiert hat. – Der *Streichquartettsatz in c-Moll* gehört unbegreiflicherweise zu jenen Werken, die Schubert einfach liegen ließ. Er schrieb dieses einzigartige Stück inmitten einer fast achtjährigen Pause seines Quartettschaffens.

Merkwürdigerweise wurde der durch das Singspiel »Das Dreimäderlhaus« wieder außerordentlich volkstümlich gewordene As-Dur-Walzer aus den »Ersten Walzern« op. 9 (»Es wird der Frühling mir künden«) dereinst Beethoven zugeschrieben. Dieser *Sehnsuchts-Walzer* erschien ein Jahr nach Beethovens Tod und war aus dem sogenannten »Trauer-Walzer« Schuberts und einem, der Königin Louise von Preußen gewidmeten, Favorit-Walzer von Friedrich Heinrich Himmel, dem begabten, aber nichtsnutzigen Liebling des preußischen Königshofes, zusammenmontiert.

Carl Maria von Weber

Eine ähnliche Irreführung ist eine einstmals sehr volkstümliche Weise im dreiviertel Takt, die bis ins deutsche Kommersbuch gedrungen ist: *Webers letzter Gedanke* (»S'gibt kein schöner Leben als Studentenleben«). Diese Melodie ist aber keineswegs der letzte musikalische Einfall des Komponisten des »Freischütz«, sondern einer der »Valses brillantes« op. 62 von K. G. Reissiger, dem Nachfolger Webers in der Dresdener Oper. Dem hochangesehenen und geschätzten Komponisten wäre es nie eingefallen, seinen kleinen Walzer als Webers Abschieds-Melodie auszugeben; auf diesen Gedanken kam erst sein Verleger!

Das ehemals vielgesungene Wiegenlied *Schlaf', Herzenssöhnchen, mein Liebling bist du* ist zwar tatsächlich von C. M. von Weber, aber der Verfasser vermutet, daß man es noch nie im Original gehört hat. Weber hatte, bevor er in München nach nächtlicher Heimkehr einmal statt des erwünschten Erfrischungsgetränkes die Salpetersäure-Flasche erwischte, eine sehr einschmeichelnde Stimme und pflegte sich auf einer Gitarre zu begleiten. In dem Jahre, in dem er seine spätere Gattin und den Freischütz-Stoff aus dem Gespensterbuch von Apel kennenlernte, schrieb er fünf Lieder mit Gitarrebegleitung. Eins davon ist jenes Wiegenlied, das also zur Begleitung einer Gitarre, nicht eines Klaviers, gesungen werden müßte!

Ebenso beliebt war ein Wiegenlied des Hagestolzes

Johannes Brahms.

Wenige wissen, daß in diesem Lied ein Landler aus dem Salzkammergut steckt. Brahms, der als junger Mann in Hamburg Klavierunterricht gab, lernte durch eine Schülerin ein Fräulein Bertha Porubszky aus Wien kennen, die nicht nur reizend aussah, sondern auch eine hübsche Stimme besaß. Diesem Mädchen, einer Klavierschülerin und deren Schwester übte Brahms damals dreistimmige Lieder ein. Dabei trällerte Bertha Porubszky ihm einmal eine hübsche Melodie vor, die auf den jungen Komponisten einen nachhaltigen Eindruck gemacht haben muß. Als er nach vielen Jahren nach Wien kam, war aus Fräulein Porubsky eine Frau Faber geworden, in deren gastfreiem Hause Brahms immer – besonders am Heiligen Abend – ein gern gesehener Gast war.

Als wieder einmal ein kleiner Faber geboren wurde, überreichte Brahms dem Ehepaar ein Wiegenlied, in welchem sich der Landler verbarg, den er damals in Hamburg von ihr gehört hatte. Über das Manuskript hatte Brahms geschrieben: »Wiegenlied für Arthur und Bertha Faber zu allzeit fröhlichem Gebrauch.« Und am Schluß hatte er schäkernd noch hinzugefügt: »Mit Grazie ad infinitum.«

Die volkstümlichsten Schöpfungen von

Felix Mendelssohn-Bartholdy

waren seine *Lieder ohne Worte.* Eigentlich ein Widerspruch in sich selbst. Er nannte auch die erste in England erschienene Folge: »Original melodies for the pianoforte.« Vielleicht hat Heines »Buch der Lieder« Mendelssohn angeregt, seine kleinen Klavier-Miniaturen »Lieder ohne Worte« zu taufen. Er meinte von diesen, sie seien besonders für Damen bestimmt. 1839 schrieb er seinem Verleger: »Ich habe eigentlich nicht die Absicht, mehr dieser Art herauszugeben«, aber schließlich wurden es doch 48 Stück. Mehrere davon haben besondere Bezeichnungen erhalten wie: Duetto, Volkslied, Jägerlied, Trauermarsch, Frühlingslied und Wiegenlied. Alle diese Titel sind aber nicht von Mendelssohn. Er gab nur dreien eine zusätzliche Überschrift und zwar jedesmal: »Venezianisches Gondellied.«

Auffällig ist, daß in den zwei *L'Arlésienne-Suiten* für Orchester von

Georges Bizet

ein Saxophon vorkommt. Dabei stammt diese Musik aus einer Zeit, in der das Saxophon um seine Existenz rang und im Symphonie- und Opern-Orchester noch eine Seltenheit war. Die Erklärung dafür ist, daß Bizet den Auftrag hatte, zu dem Schauspiel »L'Arlésienne« von Alphonse Daudet eine Musik zu schreiben. Er mußte sich dabei nach dem im Theater vorhandenen Orchester richten, das aus 7 Violinen, einer Bratsche, fünf Violoncelli, zwei Kontrabässen, Klavier und – einem Saxophon bestand. Für diese ungewöhnliche Besetzung schrieb Bizet eine zauberhaft klingende Partitur. Sie erklang am 1. Oktober 1872 zum ersten Male bei der Uraufführung des Stückes von Daudet und dann nie wieder. Es war ein nur bescheidener Achtungs-Erfolg für den Dichter; die Musik wurde kaum beachtet und von der Kritik als Wagnersche Kakophonie abgetan. Teile dieser Musik instrumentierte Bizet später für großes Orchester und brachte sie in Form einer Suite. Es war die Arlésienne-Suite Nr. 1. Die zweite Suite bearbeitete Jean Baptiste Guiraud für Orchester. Beide Suiten blieben bis in unsere Tage ein Welterfolg in den Konzertsälen und Rundfunkprogrammen aller Länder; aber der kammermusikalische Zauber der Schauspielmusik war dahin. Geblieben sind Bizets Melodien, in denen er sich vielfach an die Folklore Südfrankreichs anlehnt und – das Saxophon, das leider vielfach auch heute noch durch eine Klarinette ersetzt wird.

Den Hörern und Spielern des Streichquartetts von

Claude Debussy

wird ein merkwürdiger Umstand beim Lesen des Titels aufgefallen sein. Da steht: *1er Quatuor* (Erstes Streichquartett). Da es nur dieses eine gibt, berührt die Numerierung recht seltsam. Wahrscheinlich hatte

Debussy ursprünglich die Absicht, mehrere zu komponieren. Ein weiteres Quartett soll sogar bis zum dritten Satze gediehen sein. An den befreundeten Ernest Chausson, der mit dem Quartett nach der Uraufführung nicht ganz zufrieden war, schrieb Debussy damals: »Ich werde ein neues Quartett schreiben, das für Sie sein soll, ernsthaft: für Sie, und ich werde versuchen, meinen Formensinn zu veredlen.«

Arthur Honegger

schrieb ein zauberhaftes Pastell für kleines Orchester: *Pastorale d'été.* Es hat eine kuriose Vorgeschichte: Der Geigenbauer Léon Sir aus Marmande hatte versucht, die Familie der Violin-Instrumente durch weitere Stimmlagen auszubauen. Violine, Viola, Violoncello und Kontrabaß genügten dem etwas phantastisch veranlagten Instrumentenbauer nicht; er konstruierte weitere Stimmlagen, Zwischen- und Supergrößen, deren äußerste Grenzen eine Über-Sopran-Violine und ein Sous-Basse waren. Im Ganzen waren es zehn Instrumente, die Sir gebaut hatte, und er gab Arthur Honegger den Auftrag, für dieses Dixtett, wie er es nannte, eine Original-Komposition zu schreiben. 1920 komponierte Honegger dieses Stück, von dem sich dann allerdings herausstellte, daß es sich für den gedachten Zweck doch nicht so recht eignete. Er nahm die Skizzen mit in den Urlaub, den er in Wengen in der Schweiz verbrachte. Hier orchestrierte er die Musik für Streicher, einfach besetzte Holzbläser und ein Horn. Der Partitur stellte er Dichterworte Arthur Rimbauds voran: »Ich habe die Morgenröte umschlungen.« Der Erfolg dieses zarten Stückes kündigte sich schon bei der Uraufführung an: es errang damals (17. 2. 1921) den »Prix Verley«. Das Streichdixtett von Sir erhielt von Honegger dafür einen Hymnus, der längst samt Dixtett verschwunden ist; das »Pastorale d'été« ist geblieben.

Zum Schlusse sei einer Weise gedacht, die mich auf den Gedanken brachte, dies Buch zu schreiben. Es ist eine einfache, fast törichte Melodie, die in feuchtfröhlicher Stimmung auf den Text gesungen wird:

Mein Hut der hat drei Ecken,
drei Ecken hat mein Hut!

Über diese Weise gibt es unzählige Variationen für fast alle Instrumente, so auch von Paganini für die Violine. Alle heißen: »Le Carneval de Venise.« Es erhebt sich die Frage: was hat ein dreieckiger Hut mit Venedig zu tun? Als ich der Sache nachging, ergab sich folgendes: 1707 wurde in Hamburg ein Singspiel von Reinhard Keiser aufgeführt, in dem plattdeutsche Lieder gesungen wurden. Eines von diesen sang ein Mädchen, das auf der Bühne Trintje hieß. Es hatte einen derartigen Erfolg, daß die Gassenjungen während der einjährigen Laufzeit des Stückes immer wieder neue Texte dazu auf der Straße verkauften.

Ungefähr 150 Jahre später sang die berühmte Sängerin Jenny Lind Variationen ihres Begleiters Benedict über diese Melodie, und so verbreitete sie sich schließlich über die ganze Welt.

Beinahe hätt' ich's vergessen – Sie werden noch wissen wollen, warum sie den merkwürdigen Namen hat; nun, das Singspiel von Keiser hieß: »Der angenehme Betrug oder der Carneval von Venedig.«

Nachweis der Quellen

J. S. Bach: GOLDBERG-VARIATIONEN

Joh. Nik. Forkel: Über J. S. Bachs Leben, Kunst und Kunstwerke. Leipzig 1802.

G. Fr. Händel: WASSER- UND FEUERWERKSMUSIK

Mueller v. Asow: Georg Friedrich Händel. Verlag Franz Perneder. Wien 1949. (Enthält die »Lebensbeschreibung von J. Mainwaring«.)

Walter Serauky: Georg Friedrich Händel / Sein Leben – sein Werk. Bärenreiter-Verlag, Kassel und Basel 1956 (nur Bd. 3–5 erschienen!)

— THE HARMONIOUS BLACKSMITH

Louis Schlösser: Der Klavierlehrer (1885 Nr. 2).

G. Tartini: DIE TEUFELSSONATE

Joh. Ad. Hiller: Lebensbeschreibungen berühmter Musikgelehrter und Tonkünstler. Leipzig 1784. (Mit der Erzählung des Astronomen Lalande.)

D. Scarlatti: KATZEN-FUGE

D. Scarlatti: Sonaten. Auswahl in drei Bänden (Keller-Weisman). Bd. III Anmerkungen Peters.

J. Haydn: SYMPHONIE MIT DEM PAUKENSCHLAG

Anthony van Hoboken: Joseph Haydn/Thematisch-bibliographisches Werkverzeichnis. B. Schott's Söhne, Mainz 1957.

Leopold Nowak: Joseph Haydn / Leben, Bedeutung und Werk. Amalthea-Verlag. Zürich, Leipzig, Wien 1951.

Albert Christoph Dies: Biographische Nachrichten von Joseph Haydn. Henschelverlag, Berlin.

Chris Stadtlaender: Joseph Haydns Sinfonia domestica. Ernst Heimeran Verlag, München 1963.

Adalbert Gyrowetz in »Lebensläufe deutscher Musiker, von ihnen selbst erzählt«. Bd. III/IV. C. F. W. Siegel's Musikalienhandlung (R. Linnemann) Leipzig.

DIE KINDERSYMPHONIE

Hans Halm: Eine unbekannte Handschrift der Kinder-Symphonie in: Anthony van Hoboken / Festschrift zum 75. Geburtstag. B. Schott's Söhne, Mainz 1962.

Thaddäus Ferd. Lipowsky: Bairisches Musiklexikon. München 1811.

W. A. Mozart: HORNKONZERT IN D-DUR KV NR. 412

Hermann Abert: Otto Jahns Mozart. Breitkopf und Härtel, Leipzig 1919.

Ludwig Ritter von Köchel: Chronologisch-thematisches Verzeichnis sämtlicher Tonwerke Wolfgang Amadé Mozarts. Breitkopf und Härtel, Leipzig 1937.

W. A. Mozart: Verzeichnis aller meiner Werke (E. H. Müller von Asow). Verlag Ludwig Doblinger, Wien–Leipzig 1943.

L. v. Beethoven (allgemein):

Georg Kinsky – Hans Halm: Thematisch-bibliographisches Verzeichnis aller vollendeten Werke Ludwig van Beethovens. G. Henle Verlag, München–Duisburg 1955.

Alexander Wheelock Thayer – H. Deiters – H. Riemann: Ludwig van Beethovens Leben. 5 Bände. Breitkopf & Härtel, Leipzig 1917.

— DIE MONDSCHEIN-SONATE

ausführlich bei Thayer (s. o.).

— DIE KREUTZER-SONATE

ebenso.

— DIE WALDSTEIN-SONATE

Gräfin Thürheim: Mein Leben (Erinnerungen aus Österreichs großer Welt 1788–1819, herausgegeben von René van Rhyn). Georg Müller, München 1923.

— STREICHQUARTETTE OP. 59
(die russischen)

Das Lied der Völker (herausgegeben von Heinrich Müller). Schott's Söhne, Mainz. (Darin die Melodien und Texte der von Beethoven verwendeten russischen Melodien.)

— VIOLINKONZERT OP. 61

ausführlich bei Thayer (s. o.).

Fr. Schubert: GESCHICHTE DREIER STÄNDCHEN

Karl Kobald: Franz Schubert. Amalthea-Verlag. Zürich, Leipzig, Wien 1921.

Walter und Paula Rehberg: Franz Schubert / Sein Leben und Werk. Artemis Verlag, Zürich 1946.

Otto Erich Deutsch: Schubert / Die Dokumente seines Lebens. Bärenreiter, Kassel, Basel, Paris, London, New York 1964.

F-A-E-SONATE

Florence May: Johannes Brahms. Breitkopf und Härtel, Leipzig 1911.

Neuausgabe der Sonate durch E. Valentin und O. Kobin. Heinrichshofen's Verlag, Amsterdam–Wilhelmshaven 1935.

Joh. Strauß: AN DER SCHÖNEN BLAUEN DONAU

Ernst Decsey: Johann Strauß, ein Wiener Buch. Paul Neff Verlag, Wien 1948.

M. Mussorgsky: BILDER EINER AUSSTELLUNG

Walter Georgii: Klaviermusik. Atlantis-Verlag, Zürich–Freiburg i. Br. 1950.

Eine Reihe von Zeichnungen von Victor Hartmann enthält die Ausgabe der International Music Company: Mussorgsky: Pictures at an Exhibition mit einem Vorwort von Alfred v. Frankenstein. New York 1952.

A. Dvořák: INDIAN KANZONETTA

Otakar Šourek: Antonín Dvořák / Sein Leben und Werk. Artia, Prag 1953.
Dvořák in Briefen und Erinnerungen Artia, Prag 1954.

Alec Robertson: Antonín Dvořák: Leben und Werk. Albert Müller Verlag. A.-G., Rüschlikon–Zürich 1947.

H. Wolf: EPIPHANIAS

Ernst Decsey: Hugo Wolf / Das Leben und das Lied. Schuster & Loeffler, Berlin 1921.

Frank Walker: Hugo Wolf / eine Biographie. Verlag Styria, Graz–Wien–Köln 1953.

Cl. Debussy: PRÉLUDE À L'APRÈS-MIDI D'UN FAUNE

Heinrich Strobel: Claude Debussy. Atlantis-Verlag, Zürich 1940.

Kein Hälmlein wächst auf Erden: *H. J. Moser:* Musiklexikon. Max Hesse, Berlin-Schöneberg 1935.

Wiegenlied von W. A. Mozart: Max Friedländer in den Anmerkungen zur Ausgabe der Lieder bei C. F. Peters, Leipzig.

Kurfürsten-Sonaten von Beethoven: WoO bedeutet im Thematischen Verzeichnis von Kinsky-Halm: *W*erke *o*hne *O*puszahl.

Duo mit den obligaten Augengläsern von Beethoven: siehe Vorwort zu der Ausgabe von Fritz Stein, Verlag Peters, Leipzig.

Erste Symphonie von Beethoven: Neues Beethoven-Jahrbuch 1938, Aufsatz von Erich Schenk: »Beethovens Erste – eine B-A-C-H-Symphonie«.

Unvollendete Symphonie von Fr. Schubert. *Ludwig Kusche:* Franz Schubert / Dichtung und Wahrheit. Süddeutscher Verlag, München 1962.

Lieder ohne Worte von Felix Mendelssohn: *Heinrich Eduard Jacob:* Felix Mendelssohn und seine Zeit. S. Fischer Verlag, Frankfurt 1959.

Pastorale d'été von A. Honegger: *Willy Tappolet:* Arthur Honegger. Verlag Gebr. Hug & Co. Zürich und Leipzig 1933.

Der Verfasser fühlt sich besonders Herrn Professor Dr. Paul Mies zu Dank verpflichtet, dessen Aufsatz: »Volkstümliche Namen musikalischer Werke« als Sonderdruck des Musikhandel-Verlags-GmbH 1960 in Bonn erschien und ihm wertvolle Anregungen vermittelte.

Register der im Text vorkommenden Komponisten, Künstler, Wissenschaftler, Schriftsteller und Musikliebhaber